Lo que todo padre debe saber

I0896046

CONÉCTESE
CON SU
ADOLESCENTE

T. Suzanne Eller

Lo que todo padre debe saber

Publicado por Editorial Patmos
www.editorialpatmos.com

Publicado originalmente en inglés con el título *Real Issues, Real Teens* por Life Journey®, una division de Cook Communications Ministry, Colorado Springs, Colorado © 2004 por T. Suzanne Eller.

Traducido por Wendy Bello
Diseño de portada Marlon Soares
Proyecto grafico y diagramación Wagner Leonardo Francia

ISBN 10: 1-58802-442-3
ISBN 13: 978-1-58802-442-8

Categoría: Familia, Jóvenes

Impreso en Brasil/Printed in Brazil

Dedicatoria

Dedicado a Melissa, Ryan y Leslie. No son sólo mis hijos, sino personas que me inspiran. Soy tan afortunada al ser su mamá.

Contenido

PREFACIO

Hay un movimiento fresco de parte de Dios en estos tiempos. Uno puede sentirlo. Dios está haciendo algo nuevo en los corazones y las mentes de los alumnos de hoy. Entre a las iglesias y centros de conferencia, a los cafés y a las aulas universitarias, y podrá sentirlo.

Esta generación, quizá en mayor medida que ninguna otra que le precediera, está abierta a lo espiritual. Tienen sed espiritual. Lo anhelan. Están en búsqueda de lo espiritual, algo que sea mayor y más trascendente que ellos mismos, algo que calme aquella sed que sienten. Ellos saben que la vida es más que lo que han visto u oído. "¿Esto es todo?", es el clamor de esta generación. Están buscando, pero no pueden encontrarlo en nuestras iglesias. En realidad, ese es el problema.

La mayoría de los alumnos en la actualidad están buscando lo espiritual, algo de paz o una sensación de la presencia de "Dios". Sin embargo, muchos de ellos no lo están buscando en nuestros hogares ni en nuestras iglesias. De hecho, están huyendo de nuestros hogares y de nuestras iglesias. Parece que están buscando y encontrando sus respuestas espirituales en los profetas modernos de los medios de comunicación: los compositores son los nuevos profetas, los directores cinematográficos son los nuevos sacerdotes. Los medios de comunicación son ahora la ventana a un nuevo reino espiritual. A veces es de una manera asombrosamente fresca y auténtica, otras veces no. Tenemos que elegir.

Podemos seguir por el camino que se nos ha creado o podemos escoger otro diferente. Sería tan fácil para nosotros como padres darnos por vencidos y decir que no hay nada que hacer. Nos sentimos mal preparados. Nos sentimos insuficientes. Sentimos que somos mucho menos de lo que necesitamos ser. Por esta razón nos quedamos callados.

Tenemos otra opción.

Una y otra vez me asombran los textos antiguos de nuestra fe. Las Escrituras son cartas, poemas, oraciones y una colección de escritos e historias redactados por gente real para gente real, inspirados por el Dios viviente. Las Escrituras no son el "librito de respuestas de Dios" para todos los asuntos y problemas de la vida. No se trata de un manual que nos dice qué hacer en caso de cualquier emergencia. Las Escrituras son los escritos antiguos y sagrados del pueblo de Dios, escritos mientras ellos luchaban por encontrarlo a Él y vivir en armonía con Él.

Esta lucha ocurrió cuando el pueblo de Dios estaba a punto de entrar a la Tierra Prometida. Habían estado en el desierto, no por decisión propia, sino porque Dios quería moldear en ellos una nueva identidad. Necesitaban dejar atrás la identidad de esclavos y asumir una nueva identidad, la del pueblo de Dios. Al pasar por el desierto su identidad de esclavos fue incinerada, quemada por el viento caliente que soplaba en su rostro.

Fue en este momento, al borde de la Tierra Prometida, que Moisés envió a los doce espías a la tierra. Diez regresaron con el informe de que allí había gigantes y que era una tierra que se tragaba a la gente. Dos tenían una idea diferente.

"La tierra que recorrimos y exploramos es increíblemente buena. Si el Señor se agrada de nosotros, nos hará entrar en ella. ¡Nos va a dar una tierra donde abundan la leche y la miel! Así que no se rebelen contra el Señor ni tengan miedo de la gente que habita en esa tierra. ¡Ya son pan comido! No tienen quién los proteja, porque el Señor está de parte nuestra. Así que, ¡no les tengan miedo! (Números 14:7-9)

Tenemos que elegir.

Espero que no elijamos hacer lo que hicieron nuestros predecesores espirituales: huir de la cultura y escondernos tras las paredes amuralladas de la iglesia. Espero que hagamos lo que hizo Jesús: alcanzar a nuestra cultura: atraerla, interactuar con ella, escucharla, y cambiarla.

Espero que pueda encontrar en estas páginas consuelo e incomodidad. Que las palabras de esta generación le resulten un desafío para llegar a sus hijos y escucharlos. Que sus palabras lo conmuevan… lo desafíen…lo cautiven…y lo cambien, y así los cambien a ellos.

Mike DeVries

Pastor, comunicador y autor de *Partnering with Parents* [Trabajando en equipo con los padres] Mission Viejo, California

AGRADECIMIENTOS

Cada adolescente que llenó una encuesta o me permitió entrevistarlo, me ayudó a escribir este libro. Ustedes hablaron abiertamente, y yo aprendí muchísimo de ustedes. Estas entrevistas me hicieron una mejor mamá. Me ayudaron a escuchar el latido del corazón de una generación que espera que alguien la escuche.

Quiero agradecer a los adolescentes que son parte de mi clase de discipulado. Muchachos, cada semana ustedes me permiten echar un vistazo a su mundo y yo los amo. Independientemente de cuán lejos viaje, anhelo regresar a casa para poder sentarme y hablar de Dios con ustedes. Me encanta el hecho de que ustedes están buscando a Dios. Me encanta cuando me miran como diciendo: "¿Estás hablando en serio?", pero de todas maneras se arriesgan. Ustedes me mantienen con los pies en la tierra y bien conectada. ¡Son lo máximo!

Agradezco a los pastores Andy y Sarah Greene, los pastores de jóvenes de mi iglesia local. ¡Qué bendición es ser parte de un equipo que realmente nos apoya! ¡Qué bueno es poder trabajar con dos de los mejores pastores de jóvenes que hay por ahí! Gracias, Andy, por tus palabras amables y por permitirme ser parte de un programa para jóvenes tan asombroso. Gracias, Sarah, por tu ejemplo de lo que es tener clase y verdadera compasión.

Quisiera agradecer a los demás miembros del equipo: Brian y Amanda, Tabitha, Angelia, Kris y Tiffany. Ustedes dan todo de sí cada semana, como una ofrenda, para marcar la diferencia en las vidas de los jóvenes. Después de los jóvenes, con quien más me gustar andar es con gente que ame a los adolescentes. Ustedes son increíbles.

Agradezco a Terry Whalin y al equipo de Cook Communications Ministries. El autor es sólo una pequeña parte del proceso de creación de un libro. Agradezco a todos los que fueron parte del nacimiento de este proyecto. Sus huellas están por todas partes.

Quiero agradecer a Janet Kohobel Grant, quien creyó en mí cuando yo apenas comenzaba a descubrir que en realidad yo podía perseguir mi sueño de ser escritora.

Dios ha sido misericordioso al darme amigos y una familia que no sienten temor de compartir esta audaz aventura, y el rostro que resplandece más que ningún otro es el de mi esposo, Richard. Tú trabajas tan duro para que yo pueda seguir el camino que Dios ha puesto delante de mí. Gracias por vivir una vida tan generosa. Tú eres mi ejemplo. Gracias por llorar y por reír en los lugares correctos cuando lees lo que escribo. Gracias por ser mi alma gemela. Soy bendecida al tenerte en mi vida y en mi corazón.

Ryan, Leslie y Melissa, gracias por amarme a pesar de mis errores. Gracias por permitirme usar historias personales en este libro. Me encanta el hecho de que nos hayamos graduado de las relaciones de padre-hijo a amistad. Creo que eso es un don. Gracias porque son seres humanos maravillosos. Todavía estoy aprendiendo y ustedes han sido maestros excelentes.

No son sólo mis hijos, sino personas que me inspiran. Soy tan afortunada al ser su mamá. A ustedes tres les dedico este libro.

INTRODUCCIÓN

Cada miércoles yo entro a un culto para jóvenes que es caótico y ruidoso, y a veces incluye juegos asquerosos con comida, pero me encanta. Adoro con adolescentes que buscan a Dios con pasión. Me arrodillo junto con ellos cuando lloran debido a sus fracasos y sus temores. Cada domingo me siento con un grupo de adolescentes y les imparto una clase de discipulado intenso. Es una bendición trabajar con los jóvenes mientras buscan una relación de fe más profunda y exploran lo que significa ser un discípulo de Cristo.

Cada vez que escucho cosas negativas sobre esta generación, enseguida salgo a defenderlos. No es secreto para nadie que nuestros adolescentes están asediados por problemas, pero lo bueno es que esta generación está compuesta de buscadores. Ellos viven su fe de una manera atrevida e intransigente, y yo creo firmemente que esta generación estremecerá a nuestro mundo para Cristo.

Los adolescentes de este país están cansados de que la gente no los respete. No quieren que se les catalogue y se les tache de un grupo anónimo de personas que no hace el bien. Están hablando y están haciendo preguntas difíciles. Han escuchado, visto y experimentado cosas de las que sus padres ni siquiera se sienten cómodos hablando. Quieren normas tradicionales, pero que tengan sentido en su mundo y en su cultura. Quieren fe, pero quieren que sea real. Quieren familia, pero la familia no tiene que ser algo tradicional, sino simplemente un lugar donde puedan sentirse amados y aceptados.

Los adolescentes quieren respuestas. Están buscando gente que les muestre, y no que les diga, la verdad. La *autenticidad* es la palabra del momento. Aunque los adolescentes tal vez no estén de acuerdo con uno, respetan el hecho de que alguien, cualquier persona, viva lo que cree.

Este libro es un vistazo a la cultura adolescente y a los corazones de los adolescentes. Yo entrevisté a cientos de jóvenes en todos los Estados Unidos entre los doce y los veintiún años de edad. Hice preguntas difíciles como: ¿Cómo pueden los padres impactar tu fe? ¿Qué hacen los padres que te aleja de Dios? ¿Cómo pueden los adultos inspirarte confianza y fuerza? ¿Qué mensajes tienes para los padres que están desesperados por ser parte del mundo de sus hijos adolescentes? Prometí escuchar a los adolescentes sin hablar, sin juzgar y sin dar discursos, ¡y ellos fueron sinceros!

Escuchar me ayudó a comprender los errores que cometí en el pasado que desanimaron a mis propios hijos. Un día leí una encuesta y vi en ella mis propios errores. Esa mañana le envié un correo electrónico a mi hija mayor disculpándome por algo por lo cual debí haberme disculpado hace mucho tiempo. Para ser sincera, ni siquiera me había percatado de mi error hasta que lo vi a través de los ojos de un adolescente. Mi hija fue misericordiosa y me hizo saber que me amaba y que pensaba que yo era una buena mamá. También me dijo que la claridad que yo había adquirido era impresionante. Estas entrevistas y encuestas no sólo me dieron perspectiva a mí como madre, sino que tuvieron un impacto en mi ministerio de oradora y trabajadora juvenil.

Aprendí que todo adolescente anhela decirles a sus padres que los ama, incluso cuando parece que está tratando de alejar a sus padres. Aprendí a nunca rendirme con un adolescente, independientemente de las circunstancias. Hubo varias ocasiones en las que dejé a un lado la investigación para el libro y respondí al adolescente que estaba entrevistando. Algunas respuestas a las encuestas fueron reveladoras, y era necesario olvidarnos del libro por un instante y tratar de llegar a la persona.

Aunque soy madre de adolescentes y he trabajado con adolescentes durante casi dos décadas (mi meta es ser la miembro más anciana de un equipo de trabajo juvenil), quiero que entienda que no tengo todas las respuestas. Sé que Dios me ha dado un ministerio con los jóvenes; sin embargo, este libro no se trata de mí, ni de mi sabiduría, ni de mis ideas acerca de los adolescentes. Este libro trata de ellos. Es un diálogo abierto. Si usted está buscando un libro que le muestre cómo ser "el padre o la madre del año", tal vez deba dejar este libro ahora mismo, porque los capítulos siguientes presentarán más preguntas que respuestas. Pero eso es bueno, porque las preguntas generan oportunidades para tener conversaciones genuinas.

Este libro es una oportunidad para que escuche la voz de una generación que dice que los padres son una gran influencia, ya sea positiva o negativa.

Verá a través de los ojos de los adolescentes cómo sus decisiones los moldean. Este libro le proporcionará herramientas prácticas para impactar su relación con sus hijos adolescentes al ver sus perspectivas. Entonces usted tendrá la oportunidad de hacerlo real al aplicarlo a su propia vida.

Puede que no esté de acuerdo con todo lo que dicen los adolescentes. Hubo ocasiones en que yo misma no estuve de acuerdo, y mientras conversaba con estos adolescentes les di mi punto de vista como madre o como adulta con respecto a algunos asuntos. Lo importante es que el escuchar sus perspectivas nos permitió hablar de cosas que eran importantes tanto para mí como para ellos. De esta manera pudimos ver las cosas desde su punto de vista y también el mío.

A cada momento escucho a los adolescentes decir que darían cualquier cosa para que su mamá o su papá los escucharan realmente. Al mismo tiempo, escucho a los padres decir que anhelan que sus hijos les hablen. Hay miles de padres desesperados por relacionarse con sus hijos adolescentes. ¿Es usted así? ¿Está dispuesto a escuchar lo que dicen los adolescentes a las personas más influyentes de su vida?

Pues, ésta es su oportunidad.

Capítulo UNO

Por favor escúchame

Dios habla en el silencio del corazón.
Escuchar es el comienzo de la oración.
—La Madre Teresa

Pregunta: Si tus padres pudieran hacer una cosa para influir en tu vida, ¿cuál sería?

Tener padres que escuchen es una bendición muy grande. No creo que mantener las cosas guardadas ayude para nada. Si podemos hablar de nuestras luchas y alegrías sin ser juzgados, eso marca tremenda diferencia en nuestra vida. Profundiza el lazo entre nosotros porque rompe las barreras que nos separan.
Vickie M., 21 años

La música secular de hoy reafirma el clamor de esta generación. La letra de una canción de un grupo popular de rock les pregunta a los padres: "¿Son mis gritos lo suficientemente altos como para que los oigas?" La música es la poesía de cada generación, y canciones como esta nos dicen que los adolescentes anhelan ser escuchados.

> *Si mis padres pudieran hacer una cosa, les diría que me escucharan, que me enseñaran, que me dijeran lo que debo hacer.*
> *Rebekah B., 14 años*

La cultura juvenil de hoy es muy diferente a la cultura que existía cuando nosotros éramos adolescentes. Había una época en que los padres eran protectores de sus hijos, pero ha ocurrido un cambio significativo. Los adolescentes de hoy esconden de sus padres las duras realidades de su mundo, y dejan a los adultos en un estado de inocencia, protegidos de la verdad. Más adelante trataremos de estos cambios culturales, pero ahora mismo es importante saber que comprender las diferencias en el mundo de su hijo adolescente no sirve de nada si existe un muro de silencio entre ustedes.

¿Cómo puede usted escuchar si su adolescente se niega a hablar? Los adolescentes quieren sostener una conversación, pero no lo intentarán a menos que sepan que sus padres les prestarán atención. Necesitan saber que mamá o papá está dispuesto a escuchar. Eso significa que los padres necesitan dejar de hablar por un tiempo para poder escuchar lo que sus hijos tienen que decir.

> *Mi papá y yo nos llevamos bien y yo lo quiero mucho. Es bueno conversar con él. Él no hace preguntas, sólo escucha. Eso es lo que me gusta de hablar con él.*
> *Brianna B., 16 años*

Los adolescentes corren grandes riesgos cuando son abiertos con los adultos. ¿Cómo reaccionará o responderá un adulto cuando el adolescente le habla de su vida? Los adolescentes que entrevisté mencionaron cinco motivos por los cuales no hablan con sus padres.

1: PUEDE SER QUE MIS PADRES NO ME ENTIENDAN

Pregunta: ¿Hay veces que escondes la realidad de tu mundo de tus padres? ¿Por qué?

Lo que yo paso es tan diferente de lo que pasaron ellos. Lo que se considera normal en la escuela y en la conducta ha cambiado. Probablemente los asustaría las cosas con las cuales yo tengo que luchar todos los días, a pesar de que yo ya estoy acostumbrada.
Laura N., 15 años

Es difícil para los adolescentes contarle a un padre que alguien en la escuela practica el sexo oral en el baño o qué difícil es defender la fe en una cultura que es cada vez más hostil al cristianismo.

¿Cómo les digo a mis padres que soy la única chica virgen de toda mi aula? ¿Cómo puedo decirles a mis padres que me consideran intolerante cuando trato de expresar mis creencias? El mayor temor que tienen los adolescentes en cuanto a hablar con un adulto no es contar la verdad, sino tratar de expresar la verdad sin ser juzgados, no por lo que hacen, sino por su cultura. Yo no les hablo de mi mundo porque no lo entenderían.
Gemma M., 13 años

¿Cómo reaccionaría usted si su hija adolescente le dijera que una chica de su aula es lesbiana? ¿Qué haría si su hija le contara que una amiga se hizo un aborto? Ambas situaciones son comunes en la cultura de su adolescente y, no obstante, su adolescente está tratando de vivir una fe que dice que ambas decisiones son un pecado.

Mis padres, honestamente, no tienen ninguna idea de cómo es mi vida diaria.
Elizabeth B., 17 años

Los adolescentes de hoy están intentando mostrar el amor de Dios en una cultura que dice que si se pronuncian en contra de estos o de otros asuntos están demostrando odio. ¿Se da cuenta de cuán difícil es? Puede ser que no entienda o no esté de acuerdo con los puntos de vista de la cultura actual, pero es importante que escuche cuando sus hijos adolescentes le cuenten lo que está pasando. Con demasiada frecuencia, en lugar de encontrar seguridad y ánimo de parte de sus padres, ellos reciben algo muy diferente.

> *Los chicos que asisten a la iglesia y los que no asisten, piensan y actúan de manera muy similar. Yo sé que estoy lidiando con muchos problemas que también enfrentan los chicos que no asisten a la iglesia.*
>
> *Stan T., 15 años*

En un debate en grupo, una chica de dieciséis años contó su frustración. "Mi mamá piensa que si escucho música cristiana y me pongo una camiseta cristiana y vivo en un hogar cristiano, no lucho con las mismas cosas que mis amigas que no son cristianas. Eso sencillamente no es verdad". Esta adolescente trató de hablar con sus padres, pero cuando contó los detalles de su vida, ellos le salieron con una lista de deberes cristianos. "Ellos pensaron que si yo hacía más cosas cristianas, el mundo que está fuera de las paredes de la iglesia desaparecería. Yo sólo necesitaba alguien que me escuchara, y se negaron siquiera a oír lo que yo estaba diciendo. No entendieron que lo único que yo necesitaba era el apoyo de ellos".

Nuestros adolescentes necesitan saber que hay alguien que escuchará lo que ellos tienen que decir. Esas conversaciones pueden ser grandes oportunidades para guiarlos por la dirección correcta o para animarlos que están haciendo lo correcto. Aunque tal vez no comprendamos el mundo en que viven nuestros adolescentes, podemos proporcionarles un lugar seguro para aterrizar. Eso nos lleva al segundo motivo por el que los adolescentes no hablan.

2: PARA EVITAR UN SERMÓN

> *Mis padres, a pesar de lo que ellos piensan, saben muy poco de lo que realmente sucede en mi vida. No es que yo deliberadamente les oculte las cosas porque tenga miedo a que las descubran, sino más bien porque me darían sermones larguísimos sobre lo horrible que está el mundo en la actualidad. Yo les oculto las cosas a mis padres porque es más fácil vivir así y la vida marcha más tranquila. No es que esté tratando de ser engañosa o solapada, sólo que así*

es más fácil. Las cosas que yo veo y escucho en el autobús les darían un ataque de corazón, pero eso es sólo una parte de mi vida cotidiana.

Karianne P., 17 años

A menudo los adolescentes no hablan de su mundo para evitar un discurso sobre la pureza o un sermón de tres puntos sobre la fortaleza en tiempos de dificultad. ¿Alguna vez ha conversado con alguien y se ha dado cuenta que no le estaba escuchando sino más bien pensando lo que quería decirle? A mí me ha pasado y es desalentador. Es probable que yo no vuelva a escoger a esa persona para hablar a un nivel más profundo por segunda vez.

Con demasiada frecuencia los padres no comprenden lo que los adolescentes están diciendo porque están tan dispuestos a convertir las conversaciones en lecciones sobre la vida. El resultado es un cierre total de la comunicación. La mayoría de los padres desea guiar y animar a sus hijos adolescentes, pero para hacer eso los padres tienen que escuchar lo que sus hijos están diciendo. Escuchar sin hablar es la clave para entrar en la vida de nuestros adolescentes. Escuchar sin hablar les da a los padres la capacidad de, a la postre, brindar ánimo y apoyo de forma realista, porque de veras saben lo que está sucediendo. Esto les permite a los padres llevar parte de la carga de sus hijos mientras estos toman decisiones cruciales a diario.

En realidad soy honesta con mis padres. Siempre estoy abierta para hablar con ellos de cualquier cosa. Ha habido algunos incidentes en los que he sentido temor de su reacción y esperé para contarles. Incluso en esas ocasiones les cuento y ya, independientemente de cómo crea que ellos reaccionarán, yo sé que siempre me amarán y me apoyarán.

Jezel C., 16 años

¿Cómo reacciona cuando su hijo adolescente habla con usted? ¿Instantáneamente reacciona dándole consejos? Deje a un lado los sermones mientras escucha todo hasta el final; permita que su hijo cuente la historia completa. Haga preguntas que lo ayuden a solucionar el problema.

En una ocasión recibí una llamada telefónica de una adolescente perturbada. Era una estudiante universitaria de diecinueve años que estaba saliendo con un chico de diecisiete años que estaba en el último año de la secundaria quien la había engañado con otra chica que ahora estaba embarazada. Mientras esta alumna hablaba, los detalles de su historia se hacían cada vez peores. Ella había dejado la universidad. Intentó suicidarse, pero el intento falló. Ahora el muchacho le pedía que se fuera con él. Yo esperé mientras ella soltaba su historia. "¿Qué debo hacer?", preguntó.

Yo le hice preguntas: ¿Cuáles son tus planes para la universidad? Antes de conocer a este muchacho, ¿cuáles eran tus planes para el futuro? Si estuvieras mirando desde afuera y una amiga viniera a contarte esta historia, ¿qué le dirías? Al final de nuestra llamada telefónica, ella había encontrado las respuestas y ninguna de estas había salido de mí; ella sabía lo que debía hacer. Antes de colgar le pregunté si podía orar con ella. A estas alturas ya estaba lista. Si hubiera tratado de darle un sermón acerca de la ligereza en sus decisiones, ella nunca hubiera descubierto las respuestas por sí misma.

Sus decisiones pasadas habían sido irresponsables y había convertido su vida en un desastre. Ella ya lo sabía. Por eso llamó pidiendo ayuda. Ella necesitaba descubrir cómo salir del lodazal donde estaba metida. Si yo le hubiera salido con una lección espiritual o moral desde el principio, tal vez lo la hubiera alcanzado. No hubiera tenido la oportunidad de orar con ella y de escucharle decir cuánto necesitaba a Dios. Nuestra conversación fue una travesía en la que trabajamos juntas para que ella pudiera ver la situación claramente. Mi parte fue escuchar mientras ella descubría su camino.

Cuando su adolescente se franquee, algunas de las cosas que diga pudieran chocarle o asustarle. ¿Cómo reacciona cuando su "bebé" le cuenta los detalles espeluznantes de su mundo? Veamos la próxima razón por la que los adolescentes no hablan con sus padres.

3: MIS PADRES SE ENLOQUECERÍAN

Yo tengo cuidado con lo que les digo a mis padres. Mi mamá es muy sensible. Hay algunas cosas que ella no querría escuchar. Yo le cuento más cosas a mi papá porque él puede tratar con más, pero no obstante, él prefiere que me guarde las cosas que son chocantes.

Michelle H., 17 años

Algunos adolescentes protegen a sus padres porque saben que su mamá o su papá pensarán que la realidad es demasiado perturbadora. Dios tiene validez en la sociedad actual. A Él no le asustan los asuntos difíciles y no debieran asustarnos a nosotros tampoco. Tenemos que hacernos más fuertes para poder guiar a nuestros adolescentes a un Dios que caminará con ellos independientemente de lo que se encuentren. Tenemos que aprender a escuchar primero y enloquecernos luego, porque los adolescentes que protegen a sus padres de los detalles espantosos llevan la carga solos. Y lo que es peor, se ven obligados a tomar decisiones cruciales sin ayuda.

Yo oculto la realidad de mi mundo porque ellos no pueden hacer nada al respecto
Linda S., 14 años

Hay demasiados adolescentes que tratan de abrirse paso solos. Es algo así como el entrenador en un juego de fútbol: nuestros adolescentes están en el juego de la vida y nosotros miramos desde afuera. Ellos experimentan victorias y derrotas por su cuenta, pero de vez en cuando hacen señales para pedir tiempo. Aunque no podemos resolverlo todo, podemos hacerles saber que estamos disponibles para ayudar. Podemos ofrecer crear juegos nuevos para ayudarles a llevar el balón a la portería. Cuando los adolescentes cuentan los detalles horripilantes de sus experiencias, su intención no es asustarnos ni escandalizarnos. Posiblemente se sientan abrumados o tal vez estén buscando aliento. Cuando mi hija entró en el primer año de la universidad, me contó algunos de los problemas que enfrentaban sus amigas. Lo que me dijo era inquietante, pero me estaba pidiendo que orara por sus amigas porque las quería. No me estaba pidiendo que la rodeara con una muralla alta que la protegiera. Sencillamente necesitaba apoyo.

Lo mejor que mis padres hacen para impactar mi fe es darme todo su apoyo...escucharme, eso es lo más importante.
Vicki M., 21 años

Tristemente hubo una época en la que mi hija no hubiera venido a mí porque yo hacía que eso fuera prácticamente imposible. ¿No le importa si le soy totalmente sincera? Yo conocía a los adolescentes y sin embargo, me daba terror cuando se trataba de mis propios hijos. Mis hijos habían demostrado ser dignos de confianza, pero cuando yo veía a otros jóvenes tomar malas decisiones, yo apretaba las riendas. Me volví más estricta en una época en la que las acciones de mis hijos adolescentes demostraban que había llegado el momento de confiar en ellos. Esto clausuró todo intento de una verdadera comunicación. Mis hijos no iban a contarme lo que estaba pasando en su mundo. ¿Por qué habrían de hacerlo si se veían forzados a sufrir las consecuencias de cosas que ellos no estaban haciendo? El precio, sencillamente, era demasiado alto. Después de unos meses entendí que nuestra relación había empeorado porque ya no conversábamos de cosas importantes. Era como si estuviera parada frente a una puerta marcada con una enorme "X". Yo estaba de un lado de la puerta y mis hijos del otro. Esto es lo que dijo mi hija sobre esta etapa de nuestra vida:

> *Yo creo que el asunto de "confío en ti pero no confío en la gente con la que andas" es válido. Pero pienso que cuando eso se usa, el padre automáticamente se sustrae de una parte importante de la vida de su hijo. Si usted realmente conoce a su hijo y sabe que sus amigos no van a influir en él o en ella, entonces hay que eliminar esa regla. Así su hijo no tendrá temor de decírselo todo. La única diferencia entre los padres que confían en sus hijos en el mundo en que estos viven y los padres que sienten temor por sus hijos es que los que sienten miedo no saben lo que está pasando.*
>
> *Melissa E., 19 años*

¿Qué está tratando de decirle su hijo adolescente? ¿Está buscando su ayuda o su consejo? ¿Le está pidiendo que ore por él o por ella y que lo anime? ¿Cuál es su reacción a las cosas que oye de su parte? Si a usted le da un ataque cuando su hijo le cuenta algo, usted puede muy bien ponerse un letrero en la frente que diga: "No se puede entrar", porque las probabilidades de que su adolescente vuelva a contarle algo son muy pocas.

4: MIS PADRES TRATARÁN DE SOLUCIONARLO

> *Mientras escribía esto me di cuenta de cuánto amo a mis padres, a pesar de sus faltas, y sé cuánto ellos me aman a*

mí, a pesar de las mías. Y cuánto deben parecerse a Dios, mirándonos, dejando que metamos la pata, pero amándonos con un amor tan profundo, permanente y eterno que nunca llegaremos a entendelo.

Karianne P., 17 años

Pregunta: Si cometieras un error terrible, ¿le contarías a tus padres?

Cientos de adolescentes respondieron a esta pregunta diciendo: "Depende". Después de indagar un poco más descubrí que si el error o el problema era tan evidente que a la larga los padres del adolescente se enterarían, entonces ellos lo contarían. Si era algo grande como un embarazo o una adicción, querrían la ayuda de sus padres. Pero si el error o el problema era pequeño o menos terrible, ellos querrían manejarlo solos. No era cuestión de tratar de ocultar el error, sino más bien de resolver el problema por su cuenta.

Cuando mi hijo estaba en el primer año de la universidad descuidó algunas cosas. En muchas cosas le fue bien, pero en otras tuvo que luchar. Cuando nos dio la noticia, nuestro primer impulso fue volver a encaminarlo. Mi esposo y yo hablamos de nuestro plan. Mientras conversábamos pensé en las encuestas que estaban en la oficina que tengo en la casa y que trataban de este mismo tema. Ryan no nos estaba pidiendo que resolviéramos el problema, sino que lo apoyáramos mientras él mismo lo resolvía. Le dejamos saber que reconocíamos las cosas positivas que había logrado y que confiábamos en él para que se ocupara de lo demás. No fue fácil.

Tomó algunas decisiones que nosotros no habríamos tomado, pero después vimos los resultados. Se responsabilizó totalmente de sus decisiones.

Tal vez no lo hizo como nosotros lo hubiéramos hecho, pero era dueño de las decisiones que tomó y de los logros que vinieron como resultado. Fue un verdadero paso de madurez de su parte, y yo me sentí orgullosa de él. Llega un momento en que tenemos que permitirles a nuestros hijos el lujo de cometer errores y aprender a solucionarlos.

Pregunta: ¿Qué esperarías que hicieran tus padres si cometieras un error?

Depende de la situación. Si yo fuera mayor, querría su apoyo y su perdón, pero no necesariamente su ayuda. Querría hacerlo yo misma y ser la adulta para la cual me criaron.
Teddi H., 13 años

Los adolescentes tienen ideas muy definidas de cómo quieren que los padres los ayuden cuando echan a perder las cosas. Entre sus sugerencias está que los perdonen, que les den ánimo y que les guíen en la dirección correcta. Los adolescentes definen la ayuda como ánimo y no como el hecho de que los padres salgan a resolver el problema. No están buscando soluciones inmediatas sino alguien que les muestre cómo aprender de sus errores.

Yo sé que se sentirían desilusionados, pero espero que sería de una manera que dijera: "Vamos a ver cómo podemos mejorar esto".
Rebecca C., 17 años

Si usted quiere arreglar los errores o problemas de su adolescente, usted no es el único que quiere hacerlo. Es un instinto. Nuestros adolescentes fueron una vez bebés inocentes y entonces los protegíamos. Poníamos cierres en los gabinetes para que no tomaran sustancias peligrosas que usamos para limpiar. Les besábamos sus magulladuras cuando se caían. Les enseñábamos a mirar a ambos lados antes de cruzar la calle. Representábamos la suma autoridad y protección en su vida. Como padres de adolescentes, nuestro papel ha cambiado. No debemos renunciar a nuestras responsabilidades sencillamente porque nuestros adolescentes ya no son niños, pero sí tenemos que reconocer que nuestros adolescentes enfrentarán tiempos difíciles. A veces harán disparates, y los disparates son oportunidades para cre cer. La manera en que respondamos determinará la madurez que nuestros hijos adolescentes sacarán de la experiencia. Si tratamos de hacer que todos sus problemas desaparezcan o los protegemos de aprender de sus errores, impedimos su crecimiento.

Cuando nos mudamos para acá fue muy difícil. Entonces me pasaron otras cosas y eso fue duro para mí, pero mi mamá me enseñó que Dios simplemente no se marcha y te

deja tirado. Él tiene algo mejor para mí.
Laura N., 15 años

5: MIS PADRES NO SABEN QUIÉN SOY

Sólo porque mi hermana mayor cometió algunos errores graves en su vida, no deben pensar que es culpa de ustedes [de los padres]. Dejen de pensar de esa manera. Yo no soy como ella, así que no siempre me digan que no porque piensan que yo actuaré de la misma manera en la vida.
Kim Z., 18 años

A veces los adolescentes no se acercan a sus padres porque se sienten derrotados incluso antes de empezar. Esto sucede cuando los padres toman decisiones que no tienen nada que ver con el carácter de un adolescente en particular o con la situación en sí. Un ejemplo de esto es cuando las reglas para un hijo se basan en la actuación de otro hermano o hermana.

Esto es lo que yo le diría a mi mamá si pudiera decir tan sólo una cosa: Yo no soy tú. No soy mi hermana. Por lo tanto, no puedo ser ni como tú ni como ella. Tengo mi propia manera de hacer las cosas, y todas las cosas cambian con el tiempo. Ya no estamos en 1974 ni en 1992. Yo soy una persona diferente.
Carrie R., 17 años

Los adolescentes también se sienten derrotados cuando les imponemos las consecuencias de nuestros propios errores. Conocí a Lara cuando tenía 15 años. Hoy ella está en el último año de la secundaria. Es una joven extraordinaria, aunque su vida no ha sido fácil. Su mamá se casó joven y su papá se marchó cuando ella tenía unos diez años. Su mamá trató de dar lo mejor de sí por sus hijos, pero los hombres que entraban y salían de su vida durante el matrimonio y el divorcio hacían que la vida hogareña de Lara fuera inestable y a veces insoportable. En ocasiones vivieron casi en la pobreza y se mudaban a menudo. Lara comenzó a asistir a una iglesia y aceptó a Cristo como su Salvador. Eso cambió todo su mundo. Ella creció en su amor hacia Dios. Se convirtió en líder de un grupo cristiano que se reunía al terminar las clases. Su personalidad extrovertida y su fe animaban a otros en su grupo de jóvenes. Poco después de Lara aceptar a Cristo, su mamá comenzó a asistir a la iglesia y tomó una decisión para seguir a Cristo.

Esto debió haber sido un suceso maravilloso para toda la familia, pero no fue así. La mamá de Lara comprendió cómo sus decisiones en el pasado habían afectado a su familia. Ella se concentró en sus hijos, vigilaba cada uno de sus movimientos para protegerlos para que no cayeran en las mismas trampas en que ella había caído. Sus decisiones como madre no tenían nada que ver con el carácter de sus hijos, sino con sus propios errores. Sus amigos habían provocado un desastre en su vida, así que ella le prohibió a Lara pasar tiempo con cualquier persona que no fuera cristiana. Lo que ella no entendía era que Lara representaba una influencia positiva para otros. Lara invitaba a sus amigos a la iglesia y al grupo de Adolescentes para Cristo en la escuela. La respetaban por su fe y por su cordialidad, pero ahora ni siquiera podía almorzar en la escuela con sus amigos que no eran cristianos.

> *Yo sé lo que está bien y lo que está mal. Ellos me lo inculcaron cuando era pequeña y ahora llegó el momento de vivirlo realmente; pero no me dejan hacerlo. Así que no les cuento todo para poder vivir mi vida. Con toda honestidad, quiero hacer lo correcto, y me lo propongo. Parte de crecer es cometer errores por el camino y aprender de ellos.*
>
> *Beth, 17 años*

La mamá de Lara empezó a regular el tiempo de lectura bíblica de su hija y chequeaba para asegurarse de que su hija estuviera escuchando música cristiana. Aunque su motivación era pura, estaba frustrando a su hija. A medida que pasaba el tiempo, Lara se esforzaba más por mantener contenta a su mamá y menos por crecer en su relación con Dios. Estaba viviendo bajo reglas que no tenían nada que ver con ella. Dejó de hablarle a su mamá sobre su vida porque su mamá usaba cualquier cosa que Lara le dijera como una razón para crear nuevas reglas. Aunque la mamá de Lara no se propuso intencionalmente desanimar a su hija, Lara se desanimó y dejó de asistir a la iglesia. Era sencillamente demasiado difícil vivir su fe de acuerdo a las normas de su mamá. Una parte crucial de la crianza de los hijos es comprender quiénes son nuestros hijos y en qué punto se encuentran espiritual y emocionalmente, y tomar decisiones basadas en esa información.

Mis padres siempre han estado al tanto de lo que está sucediendo con los chicos de mi edad. Yo creo que algunos padres escogen no saber a lo que sus adolescentes se exponen, pero mis padres estaban lo suficientemente seguros conmigo como para saber que yo no soy un producto de mi ambiente.
Rachel K., 18 años

¿Y QUÉ DE MI HIJO ADOLESCENTE?

Hay tantas oportunidades para hacer cosas malas e inmorales. Por ejemplo, yo voy a bares y me emborracho. ¡Nunca les contaría nada de eso a mis padres!
Samantha W., 19 años

¿Y qué de los adolescentes que no hablan porque están tomando decisiones destructivas en la vida y no quieren que lo sepamos? Sería ingenuo de mi parte ignorar el hecho de que a muchos padres les parece que no tienen respuestas. Como alguien que trabaja con jóvenes, yo me he postrado ante Dios y he llorado por los adolescentes que se han alejado de Dios. Me he sentado junto a jóvenes en nuestras reuniones que detestan todo lo que tiene que ver con la iglesia y sólo asisten porque los obligan a asistir. He conocido a adolescentes que me evitan en público porque están haciendo cosas que les avergonzaría que yo viera.

Hay padres que han pasado horas orando por sus hijos adolescentes. Estos padres sienten que los cielos se han cerrado y que Dios no puede escuchar o no está escuchando sus oraciones. Tal vez usted empezó a leer este libro porque su hijo adolescente no es digno de confianza. Algunos de ustedes pudieran preguntarse a dónde se ha ido su hijo y quién es el adolescente enojado y de mal comportamiento que ha ocupado su lugar. Hay padres leyendo este libro que han cometido errores con sus adolescentes y desesperadamente desean tener una segunda oportunidad. Tal vez usted esté sufriendo por la mala relación que tiene con su hijo. Oro para que la información de este libro sea una herramienta en el proceso de sanidad. Lo animo a que decida ahora mismo que nunca se rendirá. Una cosa que he aprendido al ministrar a los adolescentes es que los adolescentes necesitan tener a alguien en su vida que siga creyendo en ellos incluso cuando ellos no creen en sí mismos.

A veces necesitamos poner a nuestros seres queridos en las manos de Dios mientras trabajamos en la única persona a quien realmente podemos cambiar: nosotros mismos. Vuelva a enfocarse en su relación con su hijo adolescente en vez de enfocarse en los problemas.

Esto se parece a una casa rodante que tuvimos una vez. Se veían grietas feas a lo largo del techo y varias veces tratamos de arreglarlas. En unas semanas volvían a salir. Llamamos a un especialista para que nos ayudara a arreglar el techo. Él miró el techo y luego señaló el piso: "No es problema del techo; es un problema de los cimientos. Yo podría colocar un techo nuevo y en menos de un año tendrían el mismo problema". A veces sucede igual con nuestros hijos adolescentes. Nos enfocamos en ellos y señalamos las grietas y los desperfectos, pensando que si pudiéramos arreglar a nuestros adolescentes, todo volvería a estar perfecto. Sin embargo, si podemos trabajar en los cimientos, en nuestra relación con los adolescentes, entonces las reparaciones durarán. Escuchar es un factor clave para iniciar este proceso.

Mientras lee los capítulos siguientes, espero que algo que un adolescente diga le abra los ojos y lo ayude a dar el próximo paso. Usted es importante para su hijo adolescente, incluso si él no se lo demuestra ahora mismo. Restaurar su relación con su hijo adolescente lleva tiempo, pero la recompensa hace que valga la pena.

UN PRECIO QUE PAGAR

> *Los adolescentes necesitan un amor constante e incondicional de parte de sus padres. Con sólo hacer algunas cosas, como mejorar la comunicación, los padres mostrarán su amor y todo lo demás irá bien.*
>
> *Travis R., 18 años*

Aprender a escuchar no es fácil. Escuchar es una conducta que se aprende y le costará algo. Para algunos será difícil morderse la lengua mientras escuchan lo que su hijo adolescente está diciendo. Otros pudieran desanimarse cuando sus hijos los rechazan al principio. Puede ser que sus hijos desconfíen de sus motivos hasta que vean que usted verdaderamente quiere llegar a ellos. Algunos adolescentes pudieran decir lo que piensan que sus padres quieren escuchar. Si su hijo se cierra, su instinto será frustrarse y desanimarse, ¡pero no se rinda! Romper el silencio entre usted y su hijo no sucederá de la noche a la mañana.

Convertirse en alguien que escucha bien es un proceso, pero un proceso que brinda la recompensa de una relación más fuerte entre su hijo adolescente y usted.

Póngalo en práctica

Pídale ayuda a Dios

Comience orando hoy que los cimientos de su relación con su hijo se sanen. Incluso si su relación es estrecha, pídale a Dios que lo ayude a llevar parte de la carga de su hijo adolescente.

Pídale a Dios que lo ayude a fortalecerse y a aprender a escuchar primero y desesperarse después.

Comience a orar por su adolescente a diario. Ore para que Dios lo guíe y lo proteja.

Pídale a Dios que comience a desarrollar su plan en la vida de su hijo adolescente.

Pídale a Dios que cambie cualquier cosa en usted que necesite ser cambiada para que su relación con su hijo adolescente pueda mejorar. Alabe a Dios por su hijo o hija adolescente y el destino que Él tiene para su vida.

Espere con ansias lo que Dios va a hacer en su relación con su hijo o hija adolescente.

HABLEMOS

Haga una cita con su adolescente. Llévelo a un lugar tranquilo en el que puedan almorzar o cenar, o vaya con él a un parque. Hágale saber a su adolescente (en tan pocas palabras como sea posible) que quiere escuchar lo que tenga que decirle. Dígale que su relación con él o con ella es importante para usted. Pregúntele si hay algo que usted hace que lo frustra o lo aleja de usted. Asegúrele que escuchará y que no se ofenderá ni responderá con consejos ni con sermones. Entonces haga lo que ha dicho que hará.

No presione más a su adolescente. No trate de ahondar más. En este momento, lo que importa es simplemente mostrarle a su adolescente que usted está dispuesto a escuchar lo que él tiene que decir. Puede ser que su adolescente diga algo que lo hiera y su instinto será ofenderse. Recuerde que la meta es sanar los cimientos de su relación al aprender a escuchar. Tal vez tenga razón o quizá esté completamente equivocado, pero escuche el sentir que está detrás de las palabras en lugar de tratar de defenderse.

Su adolescente pudiera mostrarle una perspectiva diferente. Incluso pudiera contarle algunos problemas reales de su vida. Deje que su hijo o hija adolescente sepa que a usted le interesa, que estará orando por él o por ella y que usted está disponible si necesita que le dé un consejo. Incluso si no responde (no lo presione si no lo hace), este ejercicio pudiera abrir una rendija en la puerta cuando él o ella entienda que usted verdaderamente quiere escucharlo

Dos cosas que debe recordar:
(1) No prometí que sería fácil.
(2) La confianza se desarrolla con el tiempo.

Capítulo dos

Tomar conciencia

Tenemos que ajustarnos a los nuevos tiempos y no obstante, aferrarnos a principios inalterables.

—James Earl "Jimmy" Carter,
presidente número 39 de los Estados Unidos

Pregunta: A muchos padres les parece que comprenden lo que están pasando sus hijos adolescentes porque una vez ellos fueron adolescentes. ¿Estás de acuerdo con eso?

Sí, nuestros padres han pasado por la época de la adolescencia, pero no han vivido nuestra vida. Existe una gran diferencia. Todos crecemos y maduramos, pero de manera diferente, dependiendo de las cosas que influyen en nosotros. El consejo que ellos dan está basado en lo que ellos pasaron pero no basado en nuestro estilo de vida.

Janelle T., 15 años

"EL TIEMPO PASA Y SIGUE PASANDO..."

Esto es parte de la letra de una canción titulada "Fly Like an Eagle" [Vuela como un águila] de finales de la década de 1970. Aunque esos años pudieran parecer la Edad de Piedra para nuestros adolescentes, la mayoría de los padres recuerdan los problemas que venían con la adolescencia en aquellos tiempos. Había drogas, alcohol y presión sexual, incluso en esa época. Los adolescentes peleaban detrás de las escuelas y en los juegos de fútbol. Había familias disfuncionales en nuestros vecindarios. Enfrentábamos problemas de autoestima y la imagen corporal era clave para las relaciones y la popularidad. Teníamos granos y nos lamentábamos de ser demasiado bajos, demasiado altos, demasiado gordos, demasiado delgados. Había chicos bravucones y adolescentes crueles que les amargaban la vida a los menos afortunados, ya fuera por el dinero, la apariencia física o la popularidad. Todavía recuerdo el nombre del muchacho que me dijo que le gustaba mi personalidad pero que sólo saldría conmigo si me ponía una bolsa en la cabeza... pero me estoy apartando del tema. Había camarillas de chicas. Había presión de parte del grupo. Todos esos desafíos nos moldearon. Los recuerdos tal vez sean lejanos, pero son claros. Entonces, ¿por qué es tan difícil hablar de nuestras experiencias con nuestros hijos adolescentes? Y ¿por qué ellos no pueden identificarse con nuestros cuentos de cómo era ser adolescente en los años 70? Es porque el tiempo ha pasado y sigue pasando, tal como dice la letra de la canción que mencioné anteriormente.

> *Los padres también fueron niños una vez. No creo que se les olvide cómo fue, pero se les olvida que los tiempos han cambiado. Creo que eso es un gran impedimento en la comunicación eficaz entre los adolescentes y sus padres.*
> *Sarah H., 15 años*

La realidad es que a pesar de que usted y yo enfrentamos muchos asuntos semejantes, ser adolescente es diferente para nuestros hijos de lo que lo fue para nosotros porque nuestro marco de referencia es diferente. Aunque todos hemos sido adolescentes, nosotros como padres nunca hemos sido adolescentes en la sociedad de hoy. Cuando decimos a nuestros adolescentes: "Una vez yo fui adolescente", ellos no lo creen al pie de la letra. Es como la mujer de cincuenta y cinco años que da consejos sobre el embarazo y el parto a una futura mamá de veinticinco años. Los elementos básicos siguen siendo los mismos. No hay dudas en cuanto a la experiencia y la sabiduría en las palabras de la mujer, pero han surgido cambios tremendos en los últimos treinta años. No es cuestión de que una idea o experiencia sea correcta y la otra no. Sencillamente son diferentes porque la época es diferente. El consejo de la mujer mayor es valioso, pero la futura mamá lo valora a la luz de los cambios que han surgido desde la época en que la mujer mayor tuvo hijos.

En su época no estaba "de moda" tener relaciones sexuales; ahora casi se espera que las tengas. Ciertas cosas han cambiado. Los adolescentes siempre han tenido los mismos sentimientos, confusión y dificultades como las tienen ahora. Sólo que estamos en una época diferente.
Michelle H., 17 años

Es igual para los padres y los adolescentes en la actualidad. Aunque muchos de los problemas que enfrentan sus hijos adolescentes son los mismos que usted enfrentó una vez, se han producido cambios culturales significativos que han hecho que estos asuntos sean más complejos. Veamos cómo las cosas se han desarrollado y cómo eso afecta a sus hijos adolescentes.

SEXO

Pregunta: Más que para ninguna otra generación, los límites en cuanto al sexo han desaparecido en tu generación.

¿Cómo te afecta esta situación?

Para mí, parece que los jóvenes son más abiertos a una cultura sexual desenfrenada.
Kim R., 19 años

Hace poco mi hija me desafió a escuchar una estación de radio para adolescentes. "Si realmente quieres saber lo que dicen los adolescentes sobre el sexo, escucha la transmisión después de la media noche", me dijo. Sintonicé el programa y no sólo me sorprendí, sino que me puse furiosa. Los anfitriones del programa trataban cada tipo de acto sexual con su audiencia adolescente. Conversaban con adolescentes de todas las edades mientras ahondaban en temas que incluían el homosexualismo, las relaciones sexuales en grupo, el sexo oral y otros temas. Ningún tema era un tabú. Este programa torcía el punto de vista moral de miles de adolescentes mientras que los padres no tenían idea de que el sexo se presentaba de una manera que para ellos pudiera ser censurable. Aunque este programa radial me chocó, no es noticia para millones de adolescentes. A esta generación realmente no le queda nada por escuchar. En una ocasión uno de mis hijos adolescentes dijo algo sobre el sexo en broma y me dejó parada en seco. Siempre he sido muy abierta con mis hijos en cuanto al sexo y no es un tema que me resulte difícil de abordar en lo absoluto, pero esto era algo extremadamente íntimo del acto sexual en sí.

—¿Cómo sabes de eso? —le pregunté.

Mi hijo adolescente se rió.

—Mamá, en el almuerzo oigo hablar de todas esas cosas. ¿Hablas en serio?

> *Los jóvenes están mucho más activos sexualmente en esta época, pero yo escucho a muchos de mi edad decir que siempre ha sido así. Sólo que ahora la gente es más abierta al respecto. Yo todavía creo que Dios hizo las relaciones sexuales para un hombre y una mujer y que esos dos deben estar casados antes de tener intimidad. La gente que no ve nada de malo en el sexo antes del matrimonio y con tener relaciones con montones de personas pasan por muchas relaciones diferentes y no tienen un fundamento firme en la vida. La mentalidad de los que no creen en el sexo antes del matrimonio es completamente opuesto. Buscan relaciones donde den más gloria a Dios en lugar de relaciones que sólo satisfagan sus deseos y necesidades.*
>
> *Jen W., 15 años*

A veces creemos erróneamente que porque nuestros hijos asisten a la iglesia o tienen una relación con Dios, de alguna manera quedan protegidos de la presión sexual o de la influencia de las nuevas normas sexuales. La verdad es que la mayoría de los adolescentes, incluso aquellos que eligen no tener relaciones sexuales hasta el matrimonio, son moldeados por una cultura donde las personas son bombardeadas por mensajes sexuales. No tienen que escuchar un programa de radio. Lo escuchan en la escuela, entre los amigos, en las salas de chat en la Internet, en la música, la televisión e incluso en sus catálogos y anuncios comerciales favoritos.

EL SEXO VENDE

El sexo ya no es tan significativo para la mayoría de la gente. Eso hace que sea más difícil para quienes sí queremos que lo sea, porque está en todas partes y es más difícil permanecer puros mentalmente.
Jessica M., 16 años

Vivimos en una cultura que está saturada desde el punto de vista sexual. En nuestra sociedad norteamericana el sexo vende cerveza, autos, ropa y hasta champú. El dinero que se gasta en anuncios está dirigido directamente a sus hijos adolescentes. Los ejecutivos de la publicidad han descubierto que si un joven consumidor cree que un producto lo hará más deseable para el sexo opuesto, lo comprará, incluso si sólo se trata de un producto para el cuidado del cabello. Ellos saben que los adolescentes gastarán dinero en sus tiendas si el mensaje encaja con su definición de su imagen. Nuestros adolescentes son el blanco porque los jóvenes tienen un poder increíble como consumidores. Vaya al centro comercial un sábado y compruebe la edad de los compradores promedio. Usted descubrirá una muchedumbre de adolescentes que compran cosméticos, ropa, música y accesorios.

Una tienda muy popular que venda ropa para adolescentes distribuye un catálogo con imágenes muy gráficas y sexuales que muchos padres y organizaciones de control consideran pornográficas. De las 250 páginas de una edición reciente, sólo 100 eran anuncios de ropa. El resto incluía artículos con consejos irónicos y artículos gráficos sobre las citas y las relaciones sexuales. Se mostraban fotografías de adolescentes, solos y en grupos, en una mezcla de poses eróticas y varias fases de desnudez. Muchos de nuestros adolescentes son insensibles a esto porque son bombardeados con mensajes similares.

Desde la radio y los programas de televisión hasta las películas y la música, el sexo es un mensaje subyacente. ¿Cómo afecta eso a su hijo o hija adolescentes? La definición cultural de sexo se introduce a una edad tan temprana y es tan dominante que nuestros adolescentes luchan con el concepto de la santidad del sexo. Los anuncios se escriben de forma ingeniosa y, en su mayoría, los adolescentes (y los adultos) no captan los mensajes subyacentes, aunque la influencia que los anuncios tienen en nuestros adolescentes y en nuestra sociedad es fuerte. Se nos acosa con una multitud de mensajes y nuestro sistema de filtros está apagado.

> *Afecta a los jóvenes de las familias en nuestra cultura secular porque no hay límites y ya nada es sagrado.*
> *Helen V., 16 años*

EL SEXO Y LOS MEDIOS DE COMUNICACIÓN

> *Conozco a muchísimas personas que han creído las mentiras acerca del sexo que les venden los medios. A mí me pasó un poco así antes de ser salva. Yo quería ser aceptada y trataba de ser como mis amigas. Esto realmente afecta a los adolescentes. Ser diferente y tener valores diferentes significa tener menos amigos y menos aceptación.*
> *Sarah C., 19 años*

¿Cómo han cambiado los medios de comunicación desde que usted era adolescente? Hace poco vi un programa de televisión que les gusta mucho a los adolescentes de nuestra iglesia. El personaje principal tuvo relaciones sexuales con una chica que acababa de conocer. La relación fue fortuita, algo así como cuando dos amigos tienen una buena conversación, sólo que no se trataba de dos amigos y sin lugar a dudas no era algo fortuito. Este es el entretenimiento que ven nuestros jóvenes, tanto los que asisten a la iglesia como los que no.

¿Por qué será que los adolescentes cristianos no sólo ven estos programas sino que los consideran entre sus favoritos? Es porque no consideran que el sexo sea importante. Lo ven tanto y escuchan tanto de él que les parece que tomarán sus decisiones independientemente de este tipo de influencias.

El sexo sin dudas se considera como algo mucho más fortuito y ya no como algo tan importante. La pureza en realidad no se muestra como algo que deba tomarse en serio. Sin embargo, yo puedo tomar las decisiones por mi cuenta. Puedo ver que lo que las películas enseñan no siempre está bien. Me han enseñado algo mejor.
April W., 14 años

Pero, ¿qué pasa con los adolescentes que no reciben enseñanzas que contrarresten los mensajes de los medios de comunicación? Aunque a menudo converso con adolescentes quienes, como April, han tomado decisiones conscientes de no tener relaciones sexuales hasta que se casen, también conozco adolescentes como Katie.

Lo que enseñan (en los medios) no es verdad. Una vez que uno lo hace, no hay manera de volver atrás.
Ben N., 17 años

Katie y yo conversábamos mientras yo caminaba hacia mi auto después de un culto.

—¿Realmente cuenta si uno sólo tiene una relación de cinco minutos en el asiento trasero de un auto? —me preguntó.

Durante la siguiente media hora Katie y yo charlamos mientras ella contaba los detalles que implicaba su pregunta.

Katie era inteligente y bonita. Tenía quince años y era el tipo de adolescente cristiana con que me encuentro muy a menudo ahora: no religiosa, con un amor nuevo hacia Dios, pero con una historia significativa moldeada por la vida de su hogar o por las normas culturales. Ya había tenido relaciones sexuales varias veces y abiertamente lo mencionó desde el principio. Nunca olvidaré la expresión de confusión que tenía mientras trataba de explicar lo que había sucedido.

—Sé que se supone que me abstenga del sexo antes del matrimonio, pero esto no tuvo gran importancia —dijo ella—. No significó nada para mí. No sé si volveré a ver a este muchacho. Si no significó nada para ninguno de los dos, no entiendo por qué habría de significar algo para Dios.

Traté de ponerlo en el contexto.

—Katie, cuando Dios es tu pareja de baile, a Él no le gusta que nadie se meta en el medio —le dije y le expliqué cuán valiosa era ella para Dios y por qué las relaciones sexuales están reservadas para un compromiso de toda la vida. Yo quería que ella entendiera que valía mucho más que una relación de cinco minutos en el asiento de un auto. Al seguir conversando pude ver una mirada de comprensión asomar en el rostro de Katie. La realidad es que Katie luchaba con esto porque no había nada en su crianza que le diera a entender que las relaciones sexuales fortuitas son dañinas o que están mal. Cambiar por completo la manera de pensar de una persona toma tiempo, pero Katie sin lugar a dudas está abierta a que Dios obre en esta esfera de su vida.

> *El mayor problema que enfrentan los adolescentes es la influencia de los medios en su vida. La presión que viene de los medios (especialmente la televisión) es increíble.*
> *Eleanor T., 16 años*

El mensaje que Katie recibió en su pasado era que el sexo es emocionante y divertido y que todo el mundo lo hace. Ministrar a adolescentes como ella no sólo significa decirles que el sexo prematrimonial está mal, sino que el sexo es un don de Dios y que Él le pone límites porque quiere lo mejor para cada uno de nosotros. Una gran parte de cualquier ministerio juvenil consiste en ayudar a los adolescentes a comprender algo más que la definición que da la cultura del amor, el cual dice que es permisible "el sexo fácil sin un compromiso a largo plazo".

> *Es una pena la manera en que el sexo se ha convertido sólo en algo divertido. Se supone que sea algo sagrado entre un hombre y una mujer. Yo tengo un anillo que me recuerda que "El verdadero amor sabe esperar". Quiero mantenerme pura para mi futuro esposo porque sé que eso es lo mejor para ambos y es lo que Dios quiere de mí. Dios sabe lo que dice. Al fin y al cabo, Él creó el sexo.*
> *Sarah H., 15 años*

BORRAR LOS LÍMITES

Si se defiende un tema durante suficiente tiempo, este pierde su ventaja. Una vez que esto sucede, se convierte en algo común. Y cuando es común, se vuelve normal. Eso es lo que ha sucedido en nuestra sociedad con varios asuntos. Aunque nuestro país se compone de un número muy pequeño de homosexuales, estos tienen una voz significativa en nuestra cultura. Al lanzar el homosexualismo en esferas más amplias como los medios de comunicación, lo han convertido en algo común. Para muchos adolescentes el homosexualismo es un tema tan establecido que se ha convertido en una norma cultural. Cuando los límites se borran, se transmite un claro mensaje: cualquier cosa es permitida. Sin embargo, no se ven las consecuencias ni el daño que la falta de límites inflige a largo plazo tanto en las familias como en las personas.

> *El cambio de límites en nuestra cultura ha afectado mucho a los adolescentes. Muchos chicos por ahí andan buscando "cantidad" en lugar de "calidad".*
> *Rick M., 16 años*

Las películas para adolescentes muestran una generación descontrolada, como una enorme fraternidad arrastrada por cuerdas hormonales; sin embargo, son los adultos los que crean la mayoría de estas películas. Estos cineastas no les hacen ningún favor a los adolescentes al estereotiparlos. No representan a los miles de adolescentes que toman la decisión de ser fieles a guardarse para el matrimonio.

> *Todas estas cosas realmente minimizan la belleza del sexo en el matrimonio. Una vez un muchacho me dijo que esperar para tener relaciones sexuales es tonto, que no es tan importante. Al parecer se le olvidó que sí es importante. Dios diseñó el sexo para el matrimonio. Yo todavía lo creo así, pero es difícil sostenerlo. No es sólo el asunto del sexo sino también el hecho de que lo llevan tan lejos. Eso en sí denigra el valor del sexo.*
> *Meredith C., 17 años*

Cuando las películas idealizan o minimizan el sexo y dejan fuera el mensaje de un compromiso para toda la vida, ofrecen un mensaje confuso para una generación que está sedienta de relaciones. Lamentablemente, hay demasiados adolescentes que se creen ese mensaje hasta que se dan cuenta de que la imagen unidimensional del amor, del sexo y del romance que han visto en los medios no les mostró la historia completa.

EL PRECIO: LAS ETS Y LOS EMBARAZOS

Lo que más ha cambiado desde que usted era adolescente es que el sexo ahora tiene un precio mayor que sólo un embarazo fuera del matrimonio. Hasta un veintinueve por ciento de las chicas adolescentes sexualmente activas han contraído clamidia. En una sola relación desprotegida con una pareja infectada, una mujer adolescente corre un riesgo del uno por ciento de contraer el VIH, un treinta por ciento de riesgo de adquirir herpes genital y un cincuenta por ciento de riesgo de contraer gonorrea. Uno de cada cuatro adolescentes sexualmente activos adquiere una enfermedad de transmisión sexual. Según estas estadísticas, las enfermedades puedan durar toda la vida e incluso poner fin a una vida prematuramente.[1]

> *Hace unos meses escuché unas estadísticas que decían que alrededor del 50 por ciento de los alumnos de último año de secundaria no son vírgenes y esas estadísticas no son muy diferentes para los cristianos. ¡Eso me da mucha tristeza! Dondequiera que miro los jóvenes están tomando muy malas decisiones en cuanto a tener relaciones sexuales antes del matrimonio y luego sufren las consecuencias. Incluso si yo no fuera cristiana, querría permanecer virgen.*
>
> *Lanae P., 19 años*

El índice de ETS en los adolescentes es alto, pero los índices de embarazo están disminuyendo. Un estudio publicado en abril de 2003 por el Consorcio de Médicos llegó a la conclusión de que ha ocurrido una disminución del sesenta y siete por ciento en los embarazos en muchachas solteras debido a la abstinencia.[2] Sin embargo, todavía hay casi un millón de chicas adolescentes, el once por ciento de todas las adolescentes con edades entre quince y diecinueve años y el veintidós por ciento de todas las que han tenido relaciones sexuales, que salen embarazadas cada año.

> *Me destroza el corazón porque veo a estas chicas con bebés cuando para mí ellas todavía son bebés.*
> *Jennifer T., 19 años*

Heather, una chica de diecisiete años, es una de ellas. Cuando la entrevisté estaba esperando que su bebé naciera en cualquier momento. Su vida había cambiado completamente de lo que era antes. Estaba en su último año de secundaria. Todos sus planes futuros, así como su imagen del amor, se habían reestructurado para encajar con la realidad de ser mamá. Ella respondió a mi encuesta y esto fue lo que dijo:

> *Yo me creí lo de "te amo y estaremos juntos para siempre". Los padres tienen que empezar a hablar con sus hijos sobre el sexo desde temprano para que no vayan tras los pasos del mundo.*
> *Heather Y., 17 años*

EL ABORTO

Las estadísticas de aborto también están disminuyendo. Una encuesta realizada por Zogby International[3] dice que el cambio a favor de la vida parece estar más pronunciado entre los norteamericanos más jóvenes. Un tercio de estos jóvenes, quienes tienen entre dieciocho y veintinueve años, dice que el aborto nunca debería ser legal. Eso contrasta con el casi veintitrés por ciento de los que tienen entre treinta y sesenta y cuatro años.

> *La Biblia dice que Dios te conoce incluso en el vientre de tu madre, así que el aborto es algo serio. Hacerse un aborto es quitar la vida que Dios creó.*
> *Meredith C., 17 años*

Aunque los índices de aborto están disminuyendo, los efectos secundarios del aborto están ampliamente generalizados en la medida en que las adolescentes y las mujeres jóvenes enfrentan las consecuencias de sus decisiones. Hace unos años conversé con una adolescentes que había permanecido callada en reuniones de jóvenes durante varias semanas, una señal de alarma para una persona amistosa y extrovertida como yo. Cuando le pregunté qué pasaba empezó a llorar y me contó que se había hecho un aborto. La grandeza de lo que había perdido la abrumaba. Ella amaba a Dios, pero había cometido un error muy grande. Fue a una fiesta, comenzó a beber, y esa noche perdió su virginidad. Sabía que ni ella ni el padre del bebé estaban preparados para ser padres. Ella no lo amaba. Apenas se conocían y no lo había visto después de esa noche. Unas amigas de la escuela le contaron que se habían hecho abortos y le recomendaron una clínica. Allí le dijeron que el aborto sería un proceso fácil y no doloroso. Lo describían con palabras como "vaciar el contenido" y "D" y "C."

La clínica no le explicó cómo se sentiría al día siguiente. "No me dijeron que me despertaría odiándome a mí misma", dijo ella. Lloramos juntas mientras ella le pedía a Dios que entrara y la sanara. No había nada que yo pudiera hacer para quitar su dolor. No había palabras que pudieran devolverle el bebé. Lo único que yo podía hacer era amarla y dirigirla hacia un Dios que podría restaurarla.

> *Yo fui con una amiga. Es mucho más de lo que los médicos dicen. En serio, fue una experiencia horrible para mi amiga. Ella todavía tiene imágenes que se repiten en su mente.*
> *Beth, 17 años*

Nadie quiere escuchar que una adolescente cristiana se hizo un aborto. Evitar los abortos es una de las razones por las que enseñamos a nuestros adolescentes sobre la belleza del sexo dentro del matrimonio. Es una de las razones por las que les decimos que tomen decisiones que no sólo los mantendrán puros sexualmente sino que los ayudarán a encontrar la intimidad que desean en una relación con Dios.

Agradezco que esta adolescente fuera sincera conmigo porque la mayoría lleva sola su carga. Es una experiencia solitaria cuando un adolescente cree que es el único o la única que siente culpa, remordimiento, vergüenza y dolor emocional. Nuestros adolescentes se debaten entre sus creencias y la opinión de la cultura que dice que el aborto es una decisión razonable y que el bebé sólo es un feto. Existen miles de adolescentes que luchan en silencio con las consecuencias emocionales de un aborto cuando se dan cuenta de que les han dicho una mentira.

Muchos adolescentes han tratado de hacer que esto sea verdad (el sexo sin consecuencias), pero sólo acaban metidos en problemas enormes, desastres emocionales y descubren que han gastado un tiempo precioso en algo que falsamente decía ofrecer satisfacción.
Keith J., 21 años

Una de las razones por las que los adolescentes se hacen menos abortos es que están despertando a la realidad del aborto y están enojados. Es su generación la que ha pagado el precio, ya que millones de sus contemporáneos nunca salieron de la matriz. Los adolescentes están expresando puntos de vista fuertes en cuanto al aborto, según lo confirman las palabras apasionadas que usaron cuando respondieron a mi encuesta.

De los cientos de adolescentes entrevistados sólo dos consideraban que el aborto era una opción viable. Varios me remitieron a sitios web que demostraban los diversos procedimientos para hacer un aborto. El grupo de adolescentes cristianos que respondieron provenían de hogares tanto cristianos como no cristianos. Eran de todas las edades. De todas partes del país. Muchos tenían amigas que se habían hecho un aborto. Todos dijeron que el aborto, ya fuera que lo hubieran experimentado o no, ya fuera que lo apoyaran o no, era sin dudas "algo serio". Muchos adolescentes expresaban compasión por aquellas adolescentes de su propia generación que se habían hecho un aborto.

Si yo quedara embarazada sin estar casada y me pareciera que el mundo se venía abajo, yo estaría vulnerable y posiblemente no entendiera por completo la hermosa bendición que había dentro de mí.
Anna A., 15 años

EL SEXO ORAL

El mayor problema que enfrentan los adolescentes es el sexo y la intimidad antes de tiempo. Los padres pueden ayudar al ser abiertos y sinceros, hablando de manera directa con sus hijos y sabiendo lo que está pasando...
Helen V., 16 años

Para muchos de ustedes la mera introducción de este tema los hace sentir incómodos. *"¿Usted va a hablar de eso?"* Es importante que lo hablemos porque es una parte real de la cultura sexual de sus hijos adolescentes.

> *Esto cambia la definición de sexo; existe una controversia en cuanto a lo que es realmente el sexo.*
> *Becky S., 18 años*

La mayoría de la cultura juvenil no considera que el sexo oral sea sexo. Muchos adolescentes lo ven como una opción para experimentar el sexo mientras que, en su mente, siguen absteniéndose. Además, muchos adolescentes consideran que el sexo oral es un acto carente de riesgos. No se dan cuenta del número de enfermedades de transmisión sexual que se sabe que se transmiten mediante el sexo oral, entre las que se encuentran el herpes, la sífilis, la gonorrea, el virus del papiloma humano y la hepatitis A. Tal vez atribuyamos este problema y la nueva actitud entre los jóvenes a un ex presidente, pero la verdadera conversación que debemos tener es qué impacto tiene en nuestros adolescentes y jóvenes.

> *¿Que no hay consecuencias físicas y emocionales? ¿Quién nos vendió esa mentira? En mi mundo eso no es verdad en lo absoluto. Una vez que uno le entrega su virginidad a alguien es un dolor como ningún otro. Es un regalo que sólo puede darse una vez. Te producirá dolor físico y emocional. Puedes sentirte deprimida o tal vez se corran rumores de que eres "fácil". Puedes acabar con una terrible ETS. Eso sólo pudiera provocar no sólo dolor físico sino emocional y también vergüenza. Los medios nos dicen un montón de estupideces a nosotros los adolescentes. Guárdate para esa persona especial.*
> *Adam B., 18 años*

El sexo oral se practica durante la hora del almuerzo en la escuela, en fiestas, en juegos de fútbol, en la casa y en los autos. Entrevisté a un alumno de segundo año de la universidad que tenía diecinueve años y me contó su historia. Él empezó a practicar el sexo oral en la secundaria, como la mayoría de sus amigos. Le parecía que era inofensivo ya que no había embarazo e implicaba menos apego emocional. Según pasó el tiempo su conducta se volvió más riesgosa. Muchos de sus encuentros eran con completas extrañas. Él era apuesto, popular, respetado y las chicas se sentían halagadas por la atención inicial que él les daba, aunque luego de sus encuentros apenas recordaba sus nombres. En la universidad conoció a una chica cristiana y comenzaron a salir. Él le ocultó su vida sexual. Un día hizo una llamada telefónica a un amigo para hacer alarde de una chica que había conocido en un autobús. Contó en detalle lo que había ocurrido, pero accidentalmente apretó el botón de grabar en su celular y después la conversación apareció como un mensaje. Cuando la escuchó, escuchó su propia voz contando los detalles grotescos. Escuchar aquel mensaje fue un duro momento de encontrarse con la verdad. Él se escuchó a sí mismo haciendo alarde por teléfono del hecho que estaba hiriendo a su novia y usando a las chicas para obtener placer sexual. Escuchó claramente su adicción sexual, su egoísmo, y lo bajo que había llegado en su búsqueda de conquistas. Estaba abrumado y se sentó en el borde de la acera. Un amigo pasó por allí y le preguntó qué pasaba.

—Estoy atrapado y me detesto a mí mismo —le dijo. Dejó que su amigo escuchara el mensaje. — Esa es la persona en quien me he convertido.

Su amigo era cristiano y le explicó cómo pedirle perdón a Dios y se ofreció para ser su compañero de rendir cuentas.

Hoy ese joven está sirviendo a Dios. Él y su novia piensan casarse al terminar la universidad. Él sigue rindiendo cuentas a un grupo de hombres cristianos. Fue incómodo para él contar su historia pero quería que los padres entendieran que el sexo oral es una trampa en la que caen muchos adolescentes y que es real. Él comprende cuán ardua es la batalla porque el proceso de cambiar para él fue largo y difícil. Tuvo que confesarle la verdad a su novia. Tuvo que ser sincero con Dios. Él quiere que los adultos comprendan que la adicción sexual es un fenómeno creciente entre los jóvenes. La historia de este adolescente no es única. Una encuesta reciente informó que el 55 por ciento de los adolescente entre 13 y 19 años reconocieron que practicaban el sexo oral.[4] En una pequeña zona residencial de Colorado los padres estaban atribulados por un artículo que apareció en el periódico de la secundaria. Un alumno citaba una encuesta que informaba que el 66 por ciento del cuerpo estudiantil no consideraba el sexo oral como un acto sexual.

Además informaba que el 47 por ciento de los 274 alumnos encuestados habían experimentado el sexo oral para recibir satisfacción sin perder su inocencia o respeto. El autor, un alumno, prosiguió a describir el acto en términos gráficos. La intención del artículo era demostrar que el sexo oral no era una actividad sexual sin riesgo. Aunque puede no haber tenido un gran impacto en los adolescentes, fue un llamado de alerta para los padres en esa pequeña comunidad. Aunque el sexo oral es un tema difícil de tratar, especialmente para los adultos, es una tendencia que todos los padres deben advertir.

A pesar del hecho de que miles de adolescentes cristianos deciden abstenerse de las relaciones sexuales y de todas las otras formas de sexo, el sexo oral y las adicciones sexuales son problemas que afectan muchas relaciones. Es difícil para una generación que percibe el sexo oral simplemente como una forma de satisfacción sexual o para liberar hormonas entablar una relación basada en un amor sacrificado y en el compromiso, especialmente cuando el sexo no tiene ningún significado emocional. Esta tendencia no sólo afecta a nuestra juventud de hoy, sino que también tiene el potencial para afectar relaciones futuras y vínculos familiares.

ESTILOS DE VIDA SEXUAL ALTERNATIVOS

Pregunta: Si asumes una postura en cuanto a temas como el homosexualismo, ¿tienes que pagar un precio por asumir esa postura?

La gente hoy tiene muchos puntos de vista. Es normal que todo el mundo tenga una opinión diferente.
Jessica M., 16 años

Puede que usted no esté de acuerdo con el homosexualismo, pero esta generación sí lo está. A sus hijos adolescentes se les presentan estilos de vida sexual alternativos desde una edad muy temprana. Hace poco conversé con un hombre homosexual ya mayor. Él dijo: "Cuando yo era adolescente y luchaba con mi identidad sexual, era mucho más difícil. Al fin y al cabo, no había programas de televisión como *Will and Grace*". El poder de los medios de comunicación nunca puede subestimarse. Los programas de televisión que presentan adolescentes hermosos y encantadores que son homosexuales, tienen un impacto en nuestra cultura. La realidad es que existen personas homosexuales atractivas, inteligentes y talentosas en nuestro mundo, en nuestro vecindario y en nuestra iglesia. Sólo que no los vemos porque decidimos no hacerlo.

Muchos adolescentes no entienden por qué no abrazamos, o al menos aceptamos, este estilo de vida y a las personas involucradas. Pueden suceder dos cosas. Una, los adultos no se dan cuenta de que los adolescentes han sido criados en una cultura que excusa el homosexualismo y asumimos falsamente que ellos compartirán nuestras convicciones. Y dos, la manera en que la iglesia local y los cristianos reaccionan ante los homosexuales puede crear barreras. Los adolescentes buscan amor incondicional. Ellos miden nuestro compromiso con la fe en base a nuestra respuesta a la comunidad homosexual. Aunque el homosexualismo puede parecer anónimo para una generación mayor, los homosexuales tienen una cara y un nombre para los jóvenes. El concepto de homosexualismo como estilo de vida ha sido parte de su cultura desde que nacieron. Recuerde, su vida tiene menos de dos décadas. Mucho de lo que ha sucedido en la comunidad homosexual tuvo lugar mientras ellos crecían y se formaban sus opiniones.

> *No estoy seguro de lo que pienso en cuanto al homosexualismo. Lo acepto pero sé que Dios dice que un hombre no debe acostarse con otro. Dios también dice cosas sobre el divorcio que ahora han cambiado.*
>
> *Louise C., 16 años*

La afirmación de Louise es poderosa porque refleja una pregunta que hacen no sólo los adolescentes sino también los no creyentes. ¿Cuáles son nuestras convicciones cristianas y por qué algunas cosas son aceptables y otras no? ¿Por qué el homosexualismo es un pecado y el divorcio se aprueba? Asuntos como este confunden a los adolescentes que buscan conocer la verdad.

Lo ven a uno como si fuera un fanático o una persona ignorante. Ahí es cuando uno tiene que acudir a Jesús para pedirle fuerza y dirección.

Cuando los adolescentes cristianos adoptan una postura contraria al homosexualismo como práctica, es muy probable que los cataloguen de fanáticos o intolerantes. Los adolescentes que tienen convicciones en cuanto a este y muchos otros asuntos pelean una batalla que la mayoría de los adultos ni siquiera comprenden. Tienen que escoger entre lo que un país percibe como norma y lo que la Biblia considera pecado. Lo hacen sabiendo que sus convicciones no serán apreciadas ni comprendidas por muchos de sus amigos y conocidos.

> *Me han dicho que soy de mente estrecha e intolerante porque no acepto que esas decisiones estén bien. Me parece que la gente se pone muy a la defensiva cuando digo algo tan poco polémico como "no estoy de acuerdo contigo". Defender las convicciones se ha vuelto algo muy poco popular.*
> *Amanda B., 18 años*

¿Cómo lidian nuestros adolescentes con creer que el homosexualismo es pecado en una cultura que no lo cree? Nuestros adolescentes tratan de alcanzar a los homosexuales mediante el ministerio de la compasión. La mayoría de los adolescentes ven el homosexualismo sólo como uno más de los pecados que Jesús vino a redimir. Ven al homosexual como persona, como alguien que quizá esté buscando a Dios, tal y como lo hacía Jesús. Al igual que Cristo, ellos ven el pecado pero no de una manera diferente a cualquier otro pecado. Ellos tratan de alcanzar a los homosexuales en formas con las que sus padres tal vez no se sentirían cómodos, y esto les permite hablar de las buenas nuevas porque ven a la persona y no el pecado. En esta esfera del ministerio y en otras, los adolescentes tienen mucho que enseñarles a la iglesia y a los adultos cristianos. Ellos ministran al homosexual de la misma manera en que Jesús trató con la mujer en el pozo, con un mensaje de amor, valía y redención.

> *Se puede abrir una brecha entre tú y alguien cercano a ti debido al hecho de que piensas de una manera diferente. En el caso del homosexualismo, puede que te busquen una "etiqueta". Sin embargo, yo creo que uno debe amar al homosexual y aborrecer el pecado.*
> *Carrie R., 18 años*

¡LA BUENA NOTICIA EN CUANTO AL SEXO!

> *Yo sé que está mal [tener relaciones sexuales fuera del matrimonio], y no estoy de acuerdo con nada de eso. No lo*

miro, y no me lo trago. Soy virgen y lo seguiré siendo hasta que me case.
Melissa A., 18 años

¿Está preparado para recibir una buena noticia? Veo a padres por todo el país respirar hondo. "¿Una buena noticia?", dicen, "¡Adelante!"

No todos los adolescentes están teniendo relaciones sexuales desenfrenadas. Muchos desean estabilidad y están buscando respuestas verdaderas en cuanto a cómo abstenerse y establecer relaciones duraderas. El grupo Barna Research informó que el ochenta y dos por ciento de los adolescentes de hoy desean tener un solo matrimonio que dure toda la vida.[5] Los adolescentes nacidos después de 1984 están regresando a adoptar ideas más tradicionales con respecto a las relaciones sexuales. Estos puntos de vista contradicen incluso los de sus coetáneos de diez años atrás.

Yo siempre he entendido la importancia de las relaciones sexuales sólo dentro del matrimonio y que tenerlas fuera del matrimonio es algo para lo cual no estamos listos.
Steven S., 16 años

Los adolescentes nacidos después de 1984 comprenden las consecuencias del sexo ocasional porque están viviendo con esas consecuencias. Si no las están experimentando ellos mismos, ven a los que sí lo están experimentando. Cuestionan a aquellos que prometen relaciones sexuales sin compromisos ni límites.

Los adolescentes anhelan algo más que la intimidad física y están descubriendo que el sexo y las drogas no satisfacen porque no es amor de verdad. Es algo vacío y te deja con dolor y sufrimiento. A la vuelta de la esquina hay un cambio, un nuevo estándar. En lo que respecta a los medios de comunicación, todos mis amigos han adoptado una postura firme en contra de los mismos. No apoyamos organizaciones que apoyen la pornografía ni vemos películas que lo hagan. Muchos adolescentes quieren entrar al mundo de las películas y los negocios para cambiar la corriente.
Michelle H., 17 años

Algunos adolescentes tienen puntos de vista más conservadores que sus padres. De hecho, esa es una tendencia creciente que veo por todo el país cuando hablo con adolescentes. Estos jóvenes están en el medio. Tienen que enfrentarse a las tendencias de su propia cultura y también defender sus convicciones frente a sus padres.

> *Cuando mi antiguo novio (mi primer y único novio) se peleó conmigo después de once meses, yo lloré muchísimo y estaba muy deprimida, y no quería hablar del asunto. Mi mamá pensó que yo estaba embarazada y no veía ningún problema. No sé qué pensar de eso. Que ella no tuviera ningún problema con que yo estuviera embarazada era realmente extraño. Eso empeoró las cosas. ¡Yo no podía creer que mi mamá pensara que yo estaba teniendo relaciones sexuales! Entonces eso ha cambiado, pues yo creo que está mal y ella está confundida al respecto.*
>
> *Brianna B., 16 años*

Muchos adolescentes han tomado la decisión de que tener relaciones sexuales antes del matrimonio está mal luego de entender que el sexo fácil es costoso. Los adolescentes de nuestro país han decidido que asumirán una postura firme y que no hay otra opción, incluso si sus padres no están de acuerdo.

> *El sexo es uno de los problemas mayores que enfrentan los adolescentes. Algunos padres excusan las relaciones prematrimoniales… dicen que están bien. Los padres necesitan apoyar el hecho de que las relaciones prematrimoniales no están bien, que no es correcto. Yo creo que muchos adolescentes no tendrían tantos problemas en su vida si los padres fueran una buena influencia.*
>
> *Elizabeth H., 14 años*

Aunque nuestra inclinación natural pudiera ser evitar hablar con nuestros adolescentes sobre temas sexuales, el conocimiento de las tendencias sexuales en el mundo de nuestros adolescentes nos ayuda a hablar de la verdad del sexo a la luz del plan de Dios. Aunque ellos están conscientes del sexo de una manera que tal vez nosotros no hayamos estado a su edad, nuestra meta no es enseñar sobre el sexo, sino enseñarles a tomar decisiones basadas en lo que ellos valen para Dios. Para que esto ocurra los padres deben ser capaces de comunicarse al demostrar que están disponibles y que aceptan y aman a sus hijos adolescentes lo suficiente como para proporcionar un ambiente seguro para la comunicación continua. Estos adolescentes no están abiertos a escuchar un discurso sobre lo que no deben hacer porque están familiarizados con la chica que camina con la bolsa para pañales en una mano y la mochila en la otra. Ellos entienden el término "el papá de mi bebé". Necesitan escuchar mensajes equilibrados sobre el sexo y el plan de Dios para toda una vida de intimidad.

> *Yo creo que es verdad que no se muestra el sexo antes del matrimonio como algo malo, pero eso no significa que tengamos que ceder al mismo. Es verdad, muchos lo han hecho, ¡pero muchos otros no! Sí me afecta en el sentido de que casi parece raro y fuera de la norma decir que uno va a mantenerse fiel a su futuro esposo, pero independientemente de lo que pase a mi alrededor, quiero guardarme para el matrimonio.*
> *Janelle T., 16 años*

El sexo es sólo una de las muchas cosas que han cambiado desde que nosotros éramos adolescentes. Analicemos otros asuntos que afectan a esta generación y la manera en que ellos perciben a Dios y la fe.

¿ESPIRITUALIDAD O CRISTIANISMO?

Pregunta: ¿Crees que aquellos que no son creyentes ven el cristianismo desde una perspectiva negativa?

> *Yo creo que el mundo ve a los cristianos como personas desvalidas que son tan débiles que necesitan creer en algo y como gente ingenua que no se da cuenta de la verdad que muestran la ciencia y otras disciplinas. A menos que Dios prepare sus corazones, la gente ve las cosas de esta manera.*
> *Sarah C., 19 años*

Es fácil meterse en un mundo en el que uno cree que todas las personas asisten a la iglesia. Sin embargo, un paseo por la tienda de la esquina un domingo en la mañana disipará esa creencia. Hay una gran mayoría de gente buena que vive, ama, cría familias, trabaja y existe sin la influencia de la iglesia. Un número cada vez mayor de personas tiene muy poco contacto con la vida cristiana o poca comprensión de la misma. Un gran porcentaje de los adultos nunca han asistido a una iglesia cristiana. Otros han ido en busca de una espiritualidad que no incluye el cristianismo. No están de acuerdo con una fe que acepte valores absolutos y la enseñanza de que Cristo es el único camino para la salvación. Muchos de estos adultos ahora están criando a una segunda generación que no conoce a Dios como Salvador personal o que no está segura de lo que eso significa.

El relativismo es algo que se ha colado en nuestra sociedad y en la vida de nuestros adolescentes. Existen muchas definiciones de la cultura posmoderna, pero una definición sencilla es "una sociedad sin valores absolutos". El relativismo dice que la verdad es condicional. Dice que existen muchos caminos a Dios y que el cristianismo es sólo una de muchas opciones. Por lo tanto, vivimos en una nación espiritual, pero no necesariamente en una nación cristiana.

La imagen del cristianismo para los no creyentes es algo confusa. ¿Es el cristianismo lo que uno ve en los programas religiosos o lo que uno ven en el vecino que asiste a la iglesia todos los domingos? Las líneas están borrosas para los creyentes pues los cristianos nominales hablan de Dios y sin embargo no hay diferencia en su forma de vivir con respecto a aquellos que no profesan la fe. El grupo de investigación Barna dijo:

> Encontramos una disposición cada vez mayor entre los norteamericanos a aceptar que todas las teologías son igualmente válidas, independientemente del origen de dicha teología. El resultado es una dilución de la teología cristiana a un nivel tan bajo que a menudo entra en conflicto con las Escrituras en lugar de conformarse a esta.[6]

El estudio de Barna informa que sólo tres de cada diez adolescentes autodenominados cristianos dicen estar "completamente comprometidos" con la fe cristiana.[7] Debido a esto, el cristianismo ya no es visto de manera positiva en Norteamérica. Un mundo que no cree no comprende una fe que pueda comunicarse en una camiseta o en un brazalete pero que no esté grabada en un estilo de vida comprometido.

A veces nos parece que no encajamos. Dios es el único a quien le importa o que entiende, Él sabe cómo es. Nadie parece entender. El mundo está tan confundido y nosotros, como cristianos, no parecemos encajar.
Brianna B., 16 años

¿Y qué de los adolescentes cristianos comprometidos? Tienen que vencer estos obstáculos y vivir su fe en un ambiente que no alimenta ni apoya sus creencias. No pueden ponerse máscaras. Se les desafía, se les provoca y se cuestiona su fe. A veces encuentran hostilidad y se les percibe como intolerantes.

¿QUIÉN ES MI FAMILIA?

Todo adolescente lucha con algo; para mí son mis hermanos y mi familia destruida.
Brianna B., 16 años

La estructura familiar ha cambiado significativamente desde que usted era adolescente. Las madres o los padres solteros o divorciados, los padres/madres solteros que viven con su pareja, los tutores, los abuelos, las parejas homosexuales, los hogares de crianza y las familias adoptivas crían a millones de niños. Las relaciones familiares han cambiado tanto que al Tribunal Supremo se le pidió en enero de 2000 que redefiniera los límites legales de lo que significa "familia".[8] Aunque las relaciones familiares han cambiado, la importancia de la familia en la vida de nuestros adolescentes no ha cambiado.

En Estados Unidos casi hemos desechado la palabra "familia" pero la familia es importante. Es la raíz de quiénes somos. Si tu familia está destruida, tú estás destruido por dentro, a menos que encuentres a la familia de Dios. Si tu familia está completa, puedes estar más seguro de quién eres y de tu futuro. Una familia no tiene que ser una mamá y un papá. La familia tiene que construirse sobre el amor.
Anna A., 15 años

Si nuestros adolescentes no encuentran lo que necesitan en la unidad familiar, lo buscarán en otro lugar. Esta generación está abierta al mensaje del amor. Ellos aceptan el concepto de un Padre celestial que nunca los dejará ni los abandonará. Lamentablemente, muchas mujeres jóvenes también están abiertas al mensaje de amor de cualquier hombre, y eso las hace vulnerables para aceptar una forma de amor que no satisface sus necesidades. Muchos jóvenes encuentran aceptación en grupos que definen amor como lealtad, hermandad y fuerza en números. Ofrecen su lealtad a toda costa, sólo para tener un lugar donde se les recibe y reconoce.

> *Los padres necesitan recordar que ellos ejercen una enorme influencia en sus hijos. Si los hijos ven a los padres discutir, pensarán que el matrimonio es así. Si los padres toman el camino más fácil al decir que ya no se aman, entonces los hijos pudieran pensar: "Me abandonarán cuando lleven demasiado tiempo conmigo". O los hijos aprenderán que las cosas no funcionan de manera perfecta y simplemente se rendirán. El divorcio puede ser necesario en algunas situaciones, pero se supone que el matrimonio sea para siempre y el divorcio sí tiene enormes consecuencias para los hijos y para la familia. Mis padres están divorciados y realmente fue difícil durante un tiempo porque ni siquiera se hablaban. Entonces dejé de ver a mi papá, lo cual también fue difícil por un tiempo. Ahora ya me acostumbré. Después de varios años tengo una vida propia y no extraño mucho a mi papá, aunque sí extraño el sentirnos como una familia completa.*
>
> *Sarah C., 19 años*

El divorcio ha alcanzado el punto más alto en la historia de los Estados Unidos. Cada años más de un millón de niños tienen padres que se separan o se divorcian.[9] Adolescentes y niños tienen que adaptarse cuando su unidad familiar cambia y llegan a tener padrastros/madrastras/ nuevos hermanos o hermanastros o cuando se mudan lejos del ambiente conocido.

> *Una familia es un grupo de personas a los que uno ama, personas por las que uno haría cualquier cosa. No tienen que*

ser de la misma sangre. Pueden ser amigos íntimos. A veces los amigos son más familia que los de la propia sangre.
Mary R., 17 años

El Tribunal Supremo no es el único grupo que ha redefinido a la familia. Sólo un puñado de adolescentes describió a la familia como una mamá, un papá y unos hermanos. Muchos calificaron a la familia como sentimientos: seguridad, amor y aceptación. Algunos describieron a la familia como gente que hace cosas en conjunto o personas que están relacionadas y a quienes les gusta reír y estar juntos. La mayoría de los adolescentes definió a la familia como cualquier persona que ofrece amor, aceptación y estabilidad constantes.

Supongo que uno pudiera definir a la familia como sus familiares, pero sobre todas las cosas...es amor incondicional.
Michelle A., 19 años

Estas definiciones ofrecen una perspectiva muy diferente del punto de vista tradicional sobre la familia. Independientemente de la definición, la familia es importante para cada adolescente. Ya que la familia es tan vital para la estabilidad y el bienestar de los adolescentes, profundizaremos más en ese tema en un capítulo posterior.

LA TECNOLOGÍA: LO BUENO, LO MALO Y LO DESAGRADABLE

Me siento desconectada del mundo. Creo que pudiera estar relacionado con la generación en la vivimos y con el hecho de que simplemente nos sentamos frente a la computadora y al televisor.
Grace B., 13 años

Los adolescentes de hoy están rodeados de aparatos entre los cuales están los teléfonos celulares, la mensajería instantánea, las salas de chat, los reproductores de MP3, los juegos de computadora y vídeo, las cámaras web, el Internet, los mensajes de texto, y el correo electrónico, para mencionar sólo unos cuantos. Los adolescentes pueden buscar becas por Internet y hacer investigaciones sobre cualquier tema. Están muy al tanto, y se sienten cómodos al aprender acerca de otros países y culturas. Son moderadores de montones de información tanto útil como inútil. Los adolescentes pueden revisar su correo electrónico, jugar juegos de computadora con sus vecinos o con personas de otros países, conversar con amigos mediante la mensajería instantánea y descargar sus canciones favoritas, todo a la misma vez. Son la máxima expresión de la multitarea.

Estos avances tecnológicos también han producido adolescentes (y adultos) que interactúan más fácilmente con personas en una sala de chat que con un familiar en la habitación contigua. Estos avances tecnológicos han hecho que la pornografía esté disponible con tan sólo hacer clic en el ratón.

> *Tienen razón cuando dicen que somos una generación desconectada. Yo sé que estoy desconectada, y a veces es más fácil quedarse así.*
> *Mercy D., 15 años*

Hay un aspecto de la tecnología que estos avances han logrado y que rara vez se trata y es que los adolescentes de hoy día no saben realmente cómo estar solos. Están rodeados por un exceso de juguetes tecnológicos y muchos de ellos no saben cómo desconectarse. El silencio no es precioso para los adolescentes de hoy; les perturba. El silencio perturbador es la razón por la que muchos adolescentes se duermen arrullados por la televisión. Es la razón por la que uno ve a adolescentes con sus audífonos puestos en medio de una multitud.

> *La tecnología que tenemos a la mano nos permite hablar con jóvenes al otro lado del planeta, pero no podemos abrir nuestro corazón a los jóvenes que viven en la casa de al lado.*
> *Helen V, 16 años*

Este es un fenómeno que afecta la vida de oración de muchos adolescentes, ya que es difícil encontrar un lugar en que el puedan estar a solas con Dios. Mi hija Melissa llamó a un amigo para ver si quería salir más tarde.

—¿Qué estás haciendo? —preguntó ella.
—Estaba orando —le contestó él.
—Entonces, ¿por qué contestaste el teléfono?

Buena pregunta. Este joven estaba buscando una vida de oración más profunda. Se sintió distraído. Encontrar tiempo a solas con Dios parecía imposible. Hasta ese momento a él nunca se le ocurrió apagar el teléfono.

Muchos adolescentes se sienten abrumados y estresados. Nosotros desafiamos a los jóvenes de nuestra iglesia a que se desenchufaran y encontraran un lugar secreto para estar con Dios. Eso no tenía nada que ver con el lugar en sí, sino con el hecho de eliminar todo el alboroto y el ruido para que pudieran comunicarse con un Dios viviente. Varios adolescentes dijeron que se sentían ansiosos al sentarse en una habitación silenciosa. Querían hacer algo para llenar el silencio. Cualquier cosa menos el silencio. Sin embargo, asumieron el desafío porque querían sentir a Dios y escucharlo. Cada adolescente llevó su relación a un nivel más profundo. Llevó tiempo pero descubrieron que no sólo podían estar cómodos solos, sino que había descanso y paz una vez que se desenchufaban.

VIOLENCIA

Pregunta: ¿Crees que enfrentas más violencia que las generaciones anteriores?

> *Los padres piensan que [la violencia] es un problema porque la gente siempre está diciendo que lo que nosotros los adolescentes vemos por televisión va a hacer que hagamos lo que vemos. Estamos tan acostumbrados a eso que no nos importa. Sabemos que cada uno es una persona diferente (al menos la mayoría lo sabemos).*
>
> *Adam D., 18 años*

¿Ha cambiado la violencia desde que usted era adolescente? Este fue el tema más dividido de todos los que se trataron. Las encuestas, estadísticas y los puntos de vista de los adultos decían una cosa. Los adolescentes decían algo completamente diferente. El hecho que los adolescentes se sientan o no seguros tiene muy poco que ver con las cosas que más molestan a los adultos: la violencia en los medios, los videojuegos con imágenes muy gráficas, la letra violenta en las canciones, los tiroteos en las escuelas, la agresión al conducir y un aumento en las estadísticas de la violencia doméstica y en las escuelas. Si la violencia afectara a los adolescentes a nivel personal, entonces ellos dirían que su mundo es violento. Si no, entonces se sienten seguros.

Yo he sido acosada en la escuela al punto de que mi vida ha sido amenazada verbal y físicamente. En nuestra escuela tuvimos un tiroteo.

Mary R., 18 años

La gran mayoría de las escuelas son seguras. Sin embargo, para aquellos que han experimentado la horrible pesadilla de un tiroteo en la escuela, su percepción de la seguridad ha quedado alterada para siempre. Varios alumnos de nuestro grupo de jóvenes asisten a una escuela en Ft. Gibson, Oklahoma. Cuando estaban en la escuela intermedia un compañero de aula trajo una pistola a la escuela e hirió a varios alumnos, a algunos de gravedad. Aunque nadie murió, la imagen que tenían los estudiantes del bienestar físico nunca fue igual después de ese momento.

Sin embargo, las escuelas son seguras para la mayoría de los adolescentes. Incidentes como el de la escuela Columbine han hecho que las escuelas y las comunidades tomen medidas para asegurar la seguridad de los estudiantes. El índice general de violencia en las escuelas ha disminuido.[10] Hay menos alumnos que llevan armas a las escuelas y los tiroteos en las escuelas constituyen menos del dos por ciento de la violencia estudiantil. Los alumnos son más propensos a encontrar acoso, peleas físicas y amenazas a comentarios hostiles que violencia en sí.

Pregunta: ¿Y qué de la violencia gráfica en la televisión? Me molesta a mí como adulta, pero parece que los adolescentes apenas la notan, a pesar de que es algo realmente horripilante. ¿Por qué crees que los padres piensan que es un problema pero los adolescentes no lo ven así?

Hemos visto violencia toda la vida. Es algo que uno se acostumbra a ver. No fue igual para nuestros padres; por eso no lo entienden.

April W. 14 años

Lo que descubrí fue que la percepción de violencia definitivamente ha cambiado desde la época en que nosotros éramos adolescentes. A lo que yo considero violento y horroroso los adolescentes de hoy apenas le dan un segundo vistazo.

> *Los padres se preocupan por sus hijos y no quieren que vean cosas así, pero los adolescentes realmente no se preocupan mucho por sí mismos, así que lo ven de todos modos. Creen que a ellos no les va a pasar, que las películas realmente no los van a afectar.*
>
> *Mandy H., 17 años*

Tuve una conversación con varios adolescentes cristianos sobre este tema. Se rieron de mi inocencia. Traté de explicar cuánto me preocupaba la violencia como madre y como alguien que ama a los adolescentes. "Suzie, no es tan malo. Ustedes están demasiado preocupados por la televisión y ese realmente no es el problema que enfrentan los adolescentes".

DEPRESIÓN Y SUICIDIO

> *El mayor problema para mí es la depresión y hacerme daño a mí misma. Mis padres no pudieron impedir que me hiciera daño. Yo nunca les decía por qué lo hacía. Creo que la verdad es que como adolescentes ni siquiera lo sabemos. Usamos el herirnos como una manera de lidiar con el estrés, el dolor y la irritación.*
>
> *Grace B., 13 años*

Este es un aspecto de la violencia con el que los adolescentes sí se identifican. Durante el proceso de escribir este libro, dos mujeres jóvenes, antiguas compañeras de aula de mi hija mayor, murieron como resultado del suicidio. Ambas muertes me dejaron abrumada. Yo podía ver sus rostros en mi mente. Fue difícil comprender el hecho de que habían llegado a un punto en su vida en que la muerte parecía una buena alternativa. El suicidio en los jóvenes es un problema grande para la salud pública en los Estados Unidos.[11] El índice general de suicidio ha disminuido durante los últimos veinte años, pero el índice de suicidio en los adolescentes entre quince y diecinueve años ha aumentado en un seis por ciento. En los adolescentes entre diez y catorce años, el índice de suicidio ha aumentado en más del 100 por ciento durante los últimos veinte años.[12] El suicidio es la tercera causa principal de muerte en los jóvenes entre diez y diecinueve años.

> *Los padres y la iglesia necesitan enseñar a los jóvenes que uno no puede basar su vida en las emociones porque al final estas lo dejan a uno sintiéndose vacío y solo. En mi caso, cuando me llega ese horrible sentimiento, lo primero que quiero es que alguien me abrace y me deje saber que yo le importo.*
> *Beth R., 17 años*

Pregunta: Las estadísticas dicen que tu generación enfrenta una abrumadora soledad. ¿Tú crees que es así?

> *Algunos hemos sido heridos. Nos lo guardamos todo. Constantemente escondemos lo que somos realmente. Cuando alguien trata de acercarse, nos alejamos. Creemos que eso nos impedirá salir heridos, pero en realidad nos mata emocionalmente.*
> *Pete D., 18 años*

"¿Por qué se deprimen los adolescentes? ¡Lo tienen todo!", comentó un padre hace poco.

"Lo único que yo quiero es que mi hija adolescente sea feliz", dijo otro padre. "Le he dado cosas que yo nunca tuve a su edad y aún así no es feliz".

> *Hay muchos adolescentes que se sienten así. Los padres trabajan para conseguir más dnero y poder pagar su casa o la universidad y para comprarles cosas a los hijos, pero tal vez debieran trabajar menos y pasar más tiempo con sus adolescentes. Los chicos recordarán el tiempo que los padres pasaron con ellos, no las cosas que les compraron.*
> *Michelle H., 18 años*

Darles cosas a nuestros adolescentes no es la cura para la soledad, la depresión y el vacío que inunda a esta generación. La necesidad es sencilla:

amor. No es cuestión de autoestima, éxito ni logros. No es cuestión de regalos ni de carros nuevos. Es cuestión de un amor desinteresado y sacrificado que nunca puede envolverse en papel de regalo.

> *Yo creo que se debe a la manera en que se encuentran las familias en esta época, con tantos padres divorciados y los hijos siendo criados por sólo uno de los padres. Yo creo que eso hace que se inclinen a las drogas, los escándalos y muchas otras cosas y eso los hace todavía más solitarios. Todas las cosas a las que acuden sólo los hacen sentirse más solos, cuando en realidad debieran buscar al único que puede curar ese vacío en su corazón: Dios. Y también me parece que los cristianos no están llegando lo suficiente a esta generación. Necesitamos alcanzarlos y ser un mejor ejemplo para aquellos que lo rechazan una y otra vez.*
> *Jen W., 15 años*

Esta generación, más que ninguna otra, ha recibido tantas definiciones de amor, y sin embargo, el significado más profundo del amor ha sido rebajado. Han perdido algo de gran valor y no están seguros de qué es. No obstante, lo están buscando. La mayoría de los adolescentes describieron su soledad o depresión como un vacío en su vida.

> *Yo experimento a menudo este tipo de soledad. Puedo estar rodeada de familia, y sé que Dios y mis amigos están disponibles; sin embargo, me siento tan sola y ansío que alguien me ame. Es como tener un vacío enorme que nada puede llenar.*
> *Becky S., 18 años*

La edición de octubre de 2002 de la revista *Newsweek* informó que había 3 millones de adolescentes deprimidos. Las causas que se mencionaron incluían el índice ascendente de divorcio y la presión social. Hace diez años la depresión se consideraba una enfermedad de adultos, pero en la actualidad se considera algo crónico en los adolescentes. Algunos profesionales de la salud la han catalogado como epidemia. Cuando yo compartí estas estadísticas con un grupo de adolescentes cada uno dijo que las cifras estaban equivocadas. Yo me sentí animada…hasta que me di cuenta que querían decir que las cifras eran muy bajas. “Debe ser más bien como uno de cada cinco”, dijo un adolescente.

Si la gente no te acepta como eres, estás perdido, incluso para ti mismo.
Anna A., 15 años

¡DETÉNGASE!

Si después de leer este capítulo usted decide agarrar a su hijo adolescente y construir un refugio subterráneo para escapar de la sociedad, entonces yo no he logrado mi meta. No todos los adolescentes enfrentan acosadores cibernéticos, violencia escolar, familias disfuncionales ni crisis sexuales. No todos los adolescentes se sienten solos, ni están deprimidos. Tratamos estos asuntos en este capítulo porque si los padres quieren relacionarse con sus hijos adolescentes, necesitan tomar conciencia de estas cosas. A veces los adultos se sienten tentados a desacreditar aquello que temen o que ignoran.

Esta *es* la cultura juvenil de su adolescente. Aunque todos los aspectos de la vida adolescente moderna no se aplicarán a su hijo u hija, estos asunto sí tienen un impacto en su vida. Cuando su adolescente cierra los ojos y aprieta los dientes y le dice: “¡Es que tú no entiendes!”, él no está tratando de alejarlo. Es muy posible que efectivamente, usted no lo entienda. Usted puede ponerse un arete en las cejas, afeitarse la cabeza o hacerse un tatuaje de moda pero eso no lo acerca más al mundo de su hijo adolescente. La información de este capítulo puede ayudarlo a reenfocarse como padre o madre. Puede ayudarlo a destacar las cosas importantes.

¿Han cambiado las cosas desde que usted era adolescente? ¡Sí!

¿Debe usted reaccionar con temor? ¡No! Había cosas que asustaban a sus padres y mire cuán lejos ha llegado usted. Tal vez su mamá o su papá protestaban por su música y sin embargo, usted sigue canturreándola en los ascensores hasta el día de hoy.

Recuerde por un instante. ¿Qué hubiera pasado si sus padres hubieran tratado de ver su mundo desde un punto de vista diferente? ¿Qué hubiera pasado si hubieran comprendido lo que usted realmente estaba enfrentando y hubieran tratado de aceptarlo?

Es una idea interesante, ¿verdad?

Póngalo en práctica

Participe en la oración

Ore por su hijo todos los días. Pídale a Dios que proteja su corazón, su mente y su cuerpo. Cubra a su adolescente con oración para que tenga la fortaleza y la capacidad de tomar decisiones beneficiosas. Ore por las personas que tienen contacto con su hijo adolescente. Pídale a Dios que bendiga al pastor de jóvenes de su hijo adolescente y a su ministerio. Ore por los maestros de su hijo adolescente. Ore por sus amigos.

Si su adolescente está pasando por un momento difícil, pídale a Dios que le dé una sabiduría que va más allá de los asuntos superficiales. Pídale a Dios que lo ayude a ver a su adolescente como Él lo ve, como alguien que lo está buscando y que tiene el potencial de convertirse en hijo de Dios. Pídale que le dé a usted fuerza y conocimiento y fe para creer en lo que no puede ver…todavía.

Capítulo tres

El grupo de su hijo adolescente

¿Para qué amar si perder duele tanto? Nos encanta saber que no estamos solos.
—C. S. Lewis

Pregunta: Si tuvieras la opción de ser popular o de tener entre tres y cinco buenos amigos, ¿qué escogerías?

¡De tres a cinco amigos! Es mejor ser amado por lo que eres que por lo que no eres.
Mandy H., 18 años

Un grupo se define como un conjunto de tres a cinco personas que te aceptan como eres. Son personas con quienes puedes contar y para quienes tu presencia siempre es bienvenida. Los adolescentes de hoy desean rodearse de personas que los apoyen. Tener un grupo es más importante que ganar la aprobación de la mayoría de sus compañeros. Esto va en contra de la imagen estereotipada del adolescente que lucha por obtener un lugar en la mesa del almuerzo donde se sientan los chicos populares. No les preocupa si el grupo popular les permitirá sentarse con ellos, y muchos adolescentes hasta evitan esa mesa por completo.

> *Yo tengo de tres a cinco amigos fantásticos que significan mucho para mí. Para mí esto es mejor porque uno se apega más. Siempre hay alguien que me apoya. Es una unión más fuerte. A mí nunca me ha interesado ser popular porque uno tiene que cumplir con las ideas y los valores de otros y no con los suyos propios. Uno se vuelve popular al pensar igual que la masa.*
>
> *Louise C., 16 años*

El grupo ha llegado a ocupar un lugar importante en la vida de los adolescentes porque ellos se inclinan hacia aquellos que los aceptan. Si los adolescentes no se sienten bienvenidos en su iglesia, en su grupo de jóvenes o en su familia, se marcharán, ya sea física o emocionalmente, y encontrarán un grupo que los acepte. Las relaciones son cruciales para los jóvenes de esta generación, aunque les resultan difíciles. Esta es la razón por la que buscan relaciones leales en lugar de conformarse con la popularidad.

> *Yo escogería de tres a cinco amigos porque ellos te quieren y son fieles a ti a pesar de todo.*
>
> *Hannah M., 16 años*

En general, a los jóvenes de hoy les resulta difícil fomentar relaciones porque luchan con la definición cultural de temas como el compromiso, la resolución de los conflictos y la intimidad. La cultura popular da el mensaje de que las personas viven en base a los sentimientos. Si uno se siente atraído por otra persona, entonces es normal dejarse llevar por ese sentimiento, incluso si uno ya está con otra persona. Si alguien lo hiere a uno, entonces uno termina esa relación y busca otra. La intimidad se define como atracción o compatibilidad sexual, y se dejan fuera ingredientes como la amistad, los votos matrimoniales y la perseverancia.

Los adolescentes de hoy no son la primera generación que acepta esta filosofía de vivir en base a los sentimientos. La generación de sus padres la aceptó, y por esta razón muchos adolescentes han sido heridos y ahora tienen dudas.

Yo vi muchas cosas en mi vida que hubiera preferido no ver nunca. Ahora ya quedó atrás, pero nunca permitiré que mis hijos vean tales cosas en mí.

Annie T., 18 años

Usted tiene que ganarse la entrada al corazón de su hijo adolescente, y si traiciona dicha confianza, él rápidamente se alejará de usted emocionalmente. A menudo me preguntan cómo convenzo a los adolescentes para que me acepten como adulta. No tiene nada que ver con que ellos me acepten a mí. La manera de romper la concha de la duda que rodea el corazón de un adolescente es sencilla: amor incondicional. Si los adolescentes saben que alguien cree en ellos y verdaderamente los ve como personas que tienen valor, ellos responderán. Yo me encuentro con todo tipo de adolescentes. Algunos están heridos y endurecidos. Muchos son amistosos y abiertos. Algunos son inmaduros, mientras que otros tienen una sabiduría mucho más allá de la edad que tienen. Sin embargo, hay algo que se cumple en todos: los adolescentes quieren ser amados tal y como son.

Yo no estoy ciega a los defectos de los adolescentes y ellos no lo están a los míos. Soy transparente con ellos. Ellos saben que hay ocasiones en que soy una tonta. Saben que amo a Dios y que busco conocerlo, pero que nunca lograré la perfección. Ellos saben que ando por los cuarenta y que no estoy ni en la onda ni en la última. Ninguna de esas cosas les importa a estos adolescentes porque saben que los amo como son. Soy sincera con ellos. Si veo a un adolescente cometer un error que le causará daño a él o a otras personas, no me da temor animarlo a tomar una mejor decisión. Los adolescentes reciben este tipo de consejos de mi parte porque saben que lucharé por ellos y que creo en ellos. Comprenden que veo algo de valor en ellos, incluso cuando "meten la pata".

Somos el grupo al que nadie ve excepto cuando hacemos algo mal.

Ben N., 14 años

Los adolescentes no entregarán su corazón al primer adulto que les diga: "Te quiero". A menudo sienten que los adultos no los respetan porque los califican de una manera que no define claramente quiénes son. Son escépticos. Escuchan muchas palabras, pero las acciones les dejan saber si uno lo dice de verdad, y eso toma tiempo.

> *Mi mamá me ama, pero hace años que no veo a mi papá. No estoy segura de que me ame. No estoy segura de que él entienda que el amor es una acción.*
>
> *Sarah C., 19 años*

Cada miércoles por la noche un grupo de adolescentes asiste a nuestro culto para jóvenes. No son los típicos adolescentes que asisten a la iglesia. Estos adolescentes fuman en el estacionamiento, tienen enfrentamientos con las autoridades y nos mantienen a todos de rodillas orando. Viven en una zona pobre de nuestra ciudad. Nuestro mayor problema no es hablarles del evangelio. Nuestro mayor problema es lograr que se queden en el salón de jóvenes hasta que termine el culto.

Nuestra meta es llevar a cada adolescente a un nivel superior en su relación con Dios. En este momento no estamos buscando discipular a estos adolescentes atribulados. Nuestra meta es hacer que se sientan lo suficientemente cómodos como para que se queden durante el culto completo. Ese es el próximo nivel para ellos en el sentido espiritual. Todavía no se trata ni de la salvación porque no son receptivos. Todavía estamos en el proceso de ganarnos su confianza y no tendremos un impacto en su alma hasta que lleguemos a ellos a nivel personal. Para creer tienen que sentir que pertenecen.

Lo que pasa es que hay cosas que ellos no comprenden. Oyen a la gente de la iglesia hablar del amor de Dios, pero luego van a casa y encuentran situaciones muy diferentes. Muchos se cuestionan por qué Dios existe en la iglesia o en las familias de otros adolescentes pero no se aparece en su casa. Un joven vive con su mamá y la amante de esta. Otra adolescente vive al lado de un lugar donde se vende y se compra crack. Tiene una madre soltera con dos trabajos. Esta madre está dando lo mejor de sí porque el padre de la chica se ha marchado.

Estos adolescentes están enojados y no les importa lo que yo o alguna otra persona pensemos. Les han ensañado a vivir en base a los sentimientos y rápidamente venden el mañana por el hoy. Yo he tenido que arrancar patas de cabra de las manos de los adolescentes en un estacionamiento para que dejen de pelear. Me he subido a camionetas vacías de la iglesia para separar a adolescentes que definitivamente no estaban buscando a Dios. Me he sentado junto a un grupo de adolescentes y me he sentido como la chica poco popular de la escuela intermedia cuando todos se pusieron de pie y se marcharon. Es duro abrazar a un adolescente y que este te rechace.

Sería fácil rendirse, pero no podemos hacerlo porque estos adolescentes necesitan un grupo y a nosotros nos gustaría ser ese grupo. Un día estarán listos para las respuestas y queremos que sientan que pueden venir a nosotros. Entonces tendremos la oportunidad de llevarlos a Cristo. Entonces podremos hacerles discípulos. Pero sólo nos permitirán ayudarlos espiritualmente en la medida en que confíen en nuestros motivos. Si piensan que amamos su alma pero a ellos no, no tenemos ninguna posibilidad de alcanzarlos.

Tener esto en mente está dando resultados. La misma chica que me empujó ahora me da un abrazo voluntariamente cada semana. Si me siento con estos adolescentes en el culto de jóvenes, ya no se alejan. A algunos les agrada que yo quiera pasar tiempo con ellos. Ahora les caigo bien a algunos de ellos, pero sólo me lo dicen cuando sus amigos no están cerca.

> *Yo creo que la soledad es enorme en mi generación porque somos una cultura muy emocional. Todo se basa en sentimientos y en lo que se experimenta en el momento.*
> *Beth R., 17 años*

Seamos sinceros. Es difícil seguir intentando llegar a alguien cuando los esfuerzos de uno son rechazados. Nuestro instinto es reaccionar con ira u hostilidad cuando los adolescentes se ponen un escudo y nos alejan. Cuando los adultos reaccionan con ira entran en un campo de juego para el que no están preparados y en el que el adolescente es un maestro. La pelea ha terminado antes de siquiera empezar.

> *Si mis padres pudieran hacer una cosa para impactar mi fe sería proceder como Jesús lo haría, incluso si parece raro.*
> *Jessica L., 14 años*

¿Usted quiere desarmar a los adolescentes? Ámelos incondicionalmente. Es bíblico. Cada día recibimos amor incondicional. Recibimos una misericordia y un amor desinteresados de parte de Dios incluso cuando no lo merecemos. Dar ese mismo amor a los adolescentes que no lo esperan les muestra a Cristo de una manera más allá de las palabras. Derriba las barreras un ladrillo a la vez.

Primero tienes que aceptarnos antes de que nos abramos a recibir cualquiera de tus consejos, no importa cuán bueno pueda ser.
Janelle T., 15 años

Penetrar en el corazón de los adolescentes es un trabajo duro cuando estos han aprendido a temprana edad sobre el egoísmo, el abuso y la traición. Tampoco es fácil con los adolescentes que parecen tenerlo todo. Viven en el mismo mundo que los adolescentes atribulados y han sido condicionados con mensajes similares. Las relaciones verdaderas implican tiempo, paciencia y disposición de amar a su adolescente incluso cuando este sea difícil de amar. La pregunta para cada padre es: ¿Está usted en el grupo de su hijo?

Amar a alguien, a cualquier precio. Esa es mi definición de familia.
Melissa A., 18 años

EL GRUPO FAMILIAR

Pregunta: ¿Cuál es tu definición de familia?

Un lugar donde un hijo puede sentirse seguro y amado.
Heather Y., 18 años

Cuando se les pidió que definieran la familia, los adolescentes de una manera abrumadora dijeron que era amor. El grupo familiar es un ambiente en que cada miembro tiene la oportunidad de ser cuidado. Es donde los miembros pueden recurrir cuando necesitan dirección o consuelo. Es el lugar donde cada persona puede perseguir la excelencia sin tener que ser perfecta. Es el refugio de su adolescente.

Una familia es un ambiente amoroso ya sea que se trate de los padres reales, una tía u otros familiares.
Michelle H., 17 años

Lamentablemente las familias no siempre funcionan de esta manera. Vivimos en una sociedad en la que la fortaleza de las familias está fragmentada.

> *Mi hogar no es un lugar seguro. Siempre existe la posibilidad de que mis padres estén de mal humor y me griten. Mis padres por lo general pelean y mi papá y yo siempre tenemos nuestras diferencias. Yo sé que me aman. Sólo que se les hace difícil demostrarlo.*
> *Elizabeth B., 17 años*

Las familias fragmentadas son uno de los motivos por los que los jóvenes estén tan abiertos a recibir el mensaje del evangelio. Al principio les intriga la historia de un hombre que fue rechazado por la tradición, pero es el mensaje de amor incondicional lo que los atrae.

> *Dígales a los padres que vale la pena amar a sus hijos incondicionalmente porque eso es algo que no recibimos a menudo. Eso sería lo que más impactaría nuestra vida.*
> *Stan T., 15 años*

¿Qué quiere decir estar en el grupo de su hijo? ¿Quiere decir que usted renuncia a su función de padre/madre y se convierte en el mejor amigo de su hijo adolescente? Su hijo tiene amigos, pero lo necesita a usted como padre/madre. Los padres proveen límites y estructura. Los padres proporcionan disciplina, ánimo y dirección. ¿Cómo puede usted hacer esto y al mismo tiempo llegar a ser parte del grupo de su hijo?

> *Si los padres quieren ayudar a los hijos a no sentirse solos, pueden amarnos y demostrarnos que nos aman y que nos aceptan como somos. Pueden hacernos saber que no tenemos que cambiar para recibir el amor de nuestros padres. Al menos eso es lo que yo necesito.*
> *Janelle T., 16 años*

Fomentar amistad con su hijo adolescente pudiera parecer malabarismo. A veces ser padre significa que usted ama lo suficiente a su adolescente como para permitirle enojarse con usted, si tomar una decisión malmirada es para el beneficio de él/ella. Pero el concreto en una relación duradera desde los años de adolescencia de su hijo hasta la adultez será el amor constante. Será una afirmación del valor que él/ella tiene para usted.

> *Si los padres tienen una gran amistad con sus adolescentes, ellos [los adolescentes] no harán las cosas a espaldas de los padres, ni se rebelarán. La disciplina sin amistad nunca funciona. Eso es lo que amarga a los adolescentes. No queremos sentirnos juzgados, condenados o acusados. Queremos sentirnos aceptados y tener una amistad con nuestros padres. Queremos sentirnos cómodos al hablar con nuestros padres de cualquier cosa, poder reírnos y pasar un buen rato con ellos. Tiempo de calidad. Amor.*
> *Michelle H., 12 años*

La meta de cada padre es llegar a ser amigo de su hijo adolescente a la larga. Mis hijos están en la universidad y me encanta el hecho de que ahora estamos en un nivel diferente de nuestra relación. Al principio yo no estaba segura de cómo tratar con el asunto. Mi hija mayor, Leslie, vino a casa de visita cuando estaba en primer año. Era viernes por la noche y supusimos que saldría con sus amigos. Richard y yo salimos a comer y cuando regresamos ella dijo:

—Ojalá me hubieran invitado. Me hubiera encantado ir.

—Nunca soñé que hubieras querido salir con nosotros un viernes por la noche —le contesté.

Nos reímos al darnos cuenta de que algo había cambiado en nuestra relación. Aunque siempre nos había gustado estar juntos, sin duda las noches del viernes no estaba reservadas para mamá o papá. Hoy cuando mis hijos adolescentes vienen a casa, sus amigos todos vienen aquí, pero mis hijos también anhelan los momentos que pasamos juntos en familia.

ATRÉVASE A CREER

> *Yo no soy la chica terrible que ellos creen que soy. A veces creo que ellos piensan eso sólo porque soy un poco*

desorganizada. Parece que piensan que por eso soy una mala chica, pero en realidad no lo soy.

Ashley B., 14 años

¿Se acuerda de cuando lo desafiaban en la escuela primaria? Alguien le retaba a hacer algo que parecía imposible y usted tomaba la iniciativa para comprobar que era capaz de hacerlo. Los adolescentes están esperando que sus padres se atrevan a creer en ellos. Mi mamá ha impactado grandemente mi vida con su optimismo para mi vida. Si yo le dijera que voy a ir a la luna, ella creería en mí y me apoyaría en el trayecto.

Michelle H., 17 años

Llegar a ser parte del grupo de su hijo ocurre cuando usted mira más allá de lo que es evidente. Los adolescentes buscan a alguien que vea el potencial que tienen. No confunda esto con la teología artificial de la autoestima que es tanto transparente como incorrecta, o la presión de alcanzar el éxito. Los adolescentes simplemente quieren que mamá y papá vean su corazón y crean junto con ellos que son personas valiosas.

Mis padres confían en mí. Yo no siempre he sido digno de confianza, pero creo que mis padres saben que en mi corazón siempre ha estado el deseo de honrarles.

Keith J., 21 años

En ocasiones el criar a sus hijos es frustrante y desalentador. Yo he tenido momentos en que le confesé a Dios que no tenía idea de qué hacer. Sin embargo, Dios ha sido fiel. Él nos ayuda cuando no estamos seguros. Nos ayuda a atrevernos a creer que nuestros hijos se convertirán en aquello que Dios ideó para ellos desde el principio.

¿Usted se atreve a creer?

Póngalo en práctica

Juegos de palabras

1. Si usted fuera a describir a su familia, ¿qué palabras usaría? ¿Su familia es unida? ¿Les encanta la diversión? ¿Sus relaciones están basadas en el amor y el respeto genuinos? ¿Describiría a su familia como alienada? ¿Enojada? ¿Asediada de problemas? ¿Autónoma? Llegó la hora de ser sinceros. Escriba cinco palabras que describan a su familia.

2. Escriba algo positivo sobre cada miembro de su familia. Sea genuino. Pídale a Dios que lo ayude a mirar más allá de la superficie.

3. Ore de manera específica usando lo que escribió arriba. Alabe a Dios por los rasgos positivos de su familia y de cada miembro de su familia. Pídale a Dios que lo ayude en las esferas concretas que necesitan su intervención.

Capítulo cuatro

¿Cómo te fue hoy?

Las palabras son, por supuesto, la droga más poderosa que utiliza la humanidad.
—Rudyard Kipling

Pregunta: ¿Por cuánto tiempo hablas con tu mamá o con tu papá cada día?

Uno debería poder conversar honestamente con sus padres.
Mika W., 17 años

"¿Cómo te fue hoy?" Estas son las primeras palabras que se escuchan en la mayoría de los hogares cuando alguien entra por la puerta, pero ¿qué viene después?

Nunca he conocido a un padre o una madre que no anhele conversar con su hijo adolescente. Un papá frustrado me arrinconó en una conferencia y me preguntó: "¿Cómo puedo saber lo que mi hija está enfrentando si ella no habla conmigo?”. Esa conversación me recordó un dibujo animado que vi una vez. Una madre se paró detrás de su hijo adolescente. Tomó un abrelatas y lo pasó por la cabeza de él y miró dentro. Cuando él se volvió para mirarla con una expresión de molestia, ella dejó caer las manos y dijo: “¡Sólo quería saber lo que estás pensando!”

¿Se puede identificar con esto? Hablar con su adolescente puede ser una experiencia tipo montaña rusa, con altos y bajos mientras usted trata de conectarse con su hijo. La ironía es que los adolescentes de todo el país dicen que no están contentos con una cháchara o con “¡Baja esa música!”

> *Mi mamá y yo a menudo trabajamos juntas en las misiones y mientras trabajamos hablamos de todos los temas en que uno pueda pensar.*
> *Esther M., 17 años*

Es gratificante cuando uno puede ser abierto con su hijo adolescente y hablar de temas más profundos. Sin embargo, en muchas relaciones entre padres y adolescentes no hay mucha comunicación. Es especialmente doloroso cuando un padre sabe que su hijo es abierto con otras personas. El punto principal es que es importante desarrollar buenas aptitudes para la comunicación porque se puede dar el caso que un adolescente tenga que decir algo importante.

> *Si yo pudiera decirles algo a mi madre y a mi padre y ellos prometieran no interrumpir, ni juzgar ni gritar, yo les contaría de todas las veces que les he mentido, las veces que dije que fui a lugares a los que nunca fui, cómo les conté de películas que nunca vi. Les contaría sobre mi última relación, las cosas que ellos no saben. Les contaría de cuando nos fuimos del baile de la escuela para un lugar escondido en el bosque y cómo él trató de obligarme a hacer cosas que yo no quería hacer. Les contaría lo duro que fue cuando él me decía lo que quería hacer y cómo yo le decía que no y cómo él me presionó más de lo que yo pude soportar. Les contaría cómo yo lloraba todas las noches hasta quedarme dormida y cómo él me dijo que yo no era nada y que no me merecía nada y que era una*

hipócrita cada vez que yo no quería hacer cosas sexuales, cómo estuve tan cerca de perder mi virginidad. Le contaría a mi mamá que la hora de llegada que ella me puso me mantuvo a salvo. Les contaría cómo él me dejó moretones en los brazos y cómo cuando le preguntaba si me amaba me decía: "Supongo que sí, tanto como cualquiera puede hacerlo realmente". Les diría que lamento haber quebrantado las reglas, por torcerlas y por querer que cambiaran. Les diría que aunque en aquel momento yo pensaba que las reglas eran tontas, me mantuvieron a salvo. Les diría a mis padres que gracias a ellos ahora yo estoy bien.

Amber L., 17 años

¿ALGUIEN PUEDE AYUDARME, POR FAVOR?

Una madre se me acercó y me entregó una nota. "Es el teléfono de mi hija", me dijo. "Quisiera que la llamaras. Ella no quiere venir a la iglesia. Está saliendo con un hombre mayor. He tratado de decirle que estoy preocupada por ella, pero cada vez que intento hablar con ella, ella sólo se queda mirándome. Supuse que si no quiere hablar conmigo, tal vez lo haga contigo. ¡Yo me rindo!"

Yo las había visto dialogar antes. Parecía un partido de ajedrez. Cada movimiento estaba diseñado para inmovilizar a la otra persona en una esquina. Era una prueba para ver quién saldría con el pinchazo más rápido o con la humillación más dolorosa. Esta madre e hija habían aprendido patrones dañinos de conversación que no les permitían desarrollar confianza e intimidad. Sin embargo, ambas anhelaban ser unidas. La madre veía el silencio de su hija como un rechazo y se enojaba. La hija veía los intentos de conversación de la madre como que estaba entrometiéndose, así que se alejaba. Era un círculo frustrante.

Nosotros nunca pasamos de "¿Cómo te fue hoy?" a menos que yo tenga algo que explicar.

Diana C., 16 años

A los padres no les entregaron un manual llamado "Cómo hablar con su hijo adolescente" cuando les entregaron a su bebé en el hospital. Cuando sus hijos llegan a la adolescencia los padres son lanzados a un mundo muy diferente. De repente ya no son la mayor influencia sobre sus hijos. Sus hijos desarrollan amistades muy estrechas con otras personas y amplían su mundo para incluir actividades, eventos y personas que están fuera del núcleo familiar. Un padre compite con el mundo para ganarse la confianza de su adolescente. Este es el momento en que sus habilidades para conversar serán probadas.

> *Mi papá es muy duro. A él le gusta tener el control y cuando se molesta, grita. Así fue como lo criaron, y aunque está esforzándose, a veces todavía lo hace.*
> *Katie H., 15 años*

Muchos de los errores que los padres cometen son el resultado de cómo interactuaban con sus propios padres. Si nuestros padres representaban la autoridad total en nuestra vida y conversar era considerado como una insolencia o falta de respeto, posiblemente introduzcamos el mismo patrón en nuestras relaciones con nuestros adolescentes. Lo contrario también puede suceder cuando un padre que no podía hablar con sus propios padres ahora usa a su adolescente como su mejor amigo y le cuenta toda, incluso cargas para las que un adolescente pudiera no estar preparado. Si entre usted y sus padres no había conversación, entonces puede ser una lucha saber dónde comenzar con su adolescente. Ofrecemos a nuestros hijos todo lo que podemos ofrecer, pero a veces no parece suficiente. Es decepcionante cuando uno intenta iniciar una conversación y es rechazado. Es todavía más frustrante cuando uno no está seguro del motivo del rechazo.

Eso de ojos que no ven, corazón que no siente, no es cierto. Eso es un cliché muy trillado. Conocer y comprender los errores que hacen que la comunicación se termine nos da la oportunidad de cambiar. Conocer y entender nos ayuda a explorar métodos diferentes para comunicarnos con nuestros adolescentes y destruir las barreras que han impedido la verdadera comunicación en el pasado. Estas barreras son cosas que nosotros los padres hacemos y que alejan a nuestros adolescentes. La mayoría de las veces los padres ni siquiera están conscientes de haber hecho algo ofensivo. Las aptitudes para la conversación de los padres pueden invitar a sus hijos a la conversación o pueden apagar la conversación. En un capítulo anterior tratamos las claves para escuchar de manera eficaz, pero veamos seis errores que pueden impedir que nos comuniquemos de manera eficaz con nuestros adolescentes.

1: NO AJUSTARSE AL TEMA

Pregunta: ¿Cómo te afectan las cosas que dicen tus padres?

Cuando ellos expresan su fe en mí para hacer lo correcto y triunfar, se hace más fácil triunfar. Cuando me dicen lo que hago bien y elogian mis buenas cualidades y talentos, eso ayuda a fortalecerlos.
Keith J., 21 años

En una ocasión en que estábamos con un grupo de amigos adultos empezamos a hablar de nuestros hijos adolescentes. Un padre contó la historia de un conflicto que había tenido con su hija la noche anterior. Ella iba a salir con unos amigos y entró a la habitación con una blusa que dejaba muy poco a la imaginación. Su padre le ordenó que se cambiara la blusa y cuando salía de la habitación él comentó: "Pareces una prostituta cuando te vistes así".

Si es algo malo, me hace sentir mal. Si es bueno, entonces me hace sentir especial o algo así.
Patience D., 17 años

Varios de nuestros amigos alzaron la vista sorprendidos y el padre defendió su comentario al decir: "Sólo fue un comentario. Mi hija sabe que no lo dije en serio. Además no tenía que ponerse esa blusa".

Las cosas buenas levantan mi espíritu y me hacen realmente feliz, pero las cosas malas me hacen sentir como basura.
Serina-Linn C., 16 años

Las palabras pueden iniciar guerras. Las palabras pueden destruir, desgarrar, edificar o moldear a las personas. Las palabras tienen el poder de estimularnos a la grandeza. Las palabras son algo que podemos dar libremente, pero nunca podemos retirarlas una vez que las hemos dicho.

Muchas veces mi papá ha dicho cosas verdaderamente despectivas a mis hermanos y cada uno de esos incidentes

está grabado en mi cerebro. No puedo olvidarlo, incluso si quisiera. Algunas de las cosas que mi papá me ha dicho me ponen por el suelo o me hacen sentir tonta.
Mercy D., 15 años

Al contrario de lo que este padre pensaba, sus palabras tenían mucho valor. Él es el hombre en quien su hija busca dirección y amor. Su autoestima se basa en las acciones y en las palabras de este hombre. Ella se verá en los ojos de otros hombres según el amor de su padre o la carencia del mismo. Las palabras que él dijo no encajaban en la situación ni con su hija. El problema de la blusa pasó a ser secundario, pues él atacó su carácter. Después él se disculpó y le explicó a su hija los motivos por los que no quería que se pusiera la blusa. Eran lógicos y ella los aceptó, pero lo hiriente de sus palabras todavía estaba grabado en su alma. Somos responsables de las palabras que decimos.

A veces es difícil separar las acciones de la persona, pero es fundamental. Nuestras palabras son nuestro método fundamental de comunicación con nuestros seres queridos. La humillación no es una herramienta eficaz para la disciplina, sino una manera poderosa de dañar sus relaciones. Las palabras dejan un legado y los legados no siempre son positivos. Los legados pueden dañar y pueden pasarse de una generación a otra. Si sus padres le hablaron de una forma que era dañina, detenga el ciclo. Usted puede usar el pasado como excusa o puede darse cuenta de que ahora usted está creando los recuerdos de sus hijos.

Todo lo que un padre dice afecta a sus hijos. Por lo general, determina la confianza que estos tienen en sí mismos.
Melissa E., 19 años

¿Qué espera alcanzar? ¿Quiere que sus palabras motiven? ¿Quiere que su hijo adolescente vea la situación desde una perspectiva diferente? ¿Quiere corregir su conducta? ¿Espera motivar a su hijo a que actúe de manera positiva? ¿Cuál es el verdadero problema y qué acciones específicas quiere usted de parte de su adolescente? Tirar palabras como si fueran granadas puede herir a su hijo adolescente. Ajustarse al tema le permite ofrecer instrucciones específicas y claras para guiarlo.

2: ENCASILLAR

Cada vez que yo enojaba a mi mamá ella decía que yo era mala, fría y odiosa. Con el tiempo empecé a creerle y comencé a odiarme a mí misma. Es difícil querer vivir cuando uno se odia a sí mismo.
Lara M., 16 años

Existe una teoría que se llama "El yo espejo". Esta afirma que las personas se ven a sí mismas a la luz de cómo otros las ven. No importa lo que diga el verdadero espejo. Cuando una persona escucha constantemente reacciones negativas, esos encasillamientos se convierten en su realidad. Para demostrar esto pedí a varios alumnos de mi clase de discipulado que hicieran un círculo. Dos alumnos, Rudy y Tara, se pararon en el círculo, uno frente a otro. Le dije a Rudy que aparentara que la cara de Tara tenía algo. El grupo estaba al tanto del asunto pero Tara no. A medida que la entrevista avanzaba, Rudy se movía inquieto y miraba a Tara pero rápidamente desviaba la mirada. Tara se limpió la nariz. Miró al suelo. Al final prorrumpió frustrada: "¿Qué te pasa? ¿Tengo algo en la cara?" Ella sintió alivio (y me perdonó) cuando le expliqué la teoría de "El yo espejo" y le expliqué que ella y Rudy habían demostrado perfectamente dicha teoría. Ella había hecho una suposición sobre sí misma en base a las reacciones de Rudy.

Si sus palabras son de ánimo, siempre estoy feliz. Pero si dicen algo negativo, me hace sentir como que soy lo peor de la tierra (afortunadamente esto casi nunca pasa).
Salena B., 18 años

A los jóvenes los encasillan de muchas maneras. *Pijos, informáticos, raros, góticos, sexy y cursi son sólo algunos de los calificativos.* Estos calificativos cambiarán mañana, pero sus efectos no. Encasillar a las personas los empuja a roles predeterminados que en realidad pueden tener muy poco que ver con las personas.

Hay muchas maneras de encasillar a los adolescentes. Los encasillamos según la ropa que usan o según su apariencia. Puedo decirle todos los chistes que existen sobre la gente flaca. En la secundaria yo medía 5' 6" y pesaba 100 libras. Me decían "elástica", "Olivia" (por la novia de Popeye, el marino) y "huesos," y esos eran sólo algunos de los calificativos. Una vez estaba en el autobús escolar y pasamos por una gasolinera que tenía un letrero grande al frente que decía: "Arreglamos neumáticos desinflados". Un compañero de aula que tenía trece años apuntó en mi dirección y dijo: "Suzie, deberías parar ahí". El grupo que estaba sentado en la parte de atrás del autobús irrumpió en una risa escandalosa mientras yo apretaba mi mochila contra mi pecho. Me sentí humillada, pero no dejé que supieran cuánto me dolía porque eso sólo hubiera abierto la puerta para más vergüenza. Sencillamente lo dejé pasar.

A los adolescentes los encasillan según su trasfondo. ¿A qué se dedican sus padres? ¿Qué auto manejan? ¿Qué tipo de casa tienen? ¿De qué tipo de familia provienen? Con todas esas caracterizaciones, lo último que necesitan es que en su propio hogar también los encasillen. La reafirmación, ya sea positiva o negativa, moldea la manera en que los adolescentes se ven a sí mismos. Los adolescentes intentarán vivir a la altura de nuestras expectativas, ya sean buenas o malas.

> *Lo único que a mí me hiere son las cosas que dice mi madre. Soy muy independiente y ella me recuerda que soy incapaz de sostener ninguna relación debido a mi independencia. Ella me ha dicho desde que tenía trece años que soy incapaz de permitir que alguien me muestre afecto o de permitir que alguien se interese en mí. Esto es el resultado de que yo dejé de compartir mi vida con mi madre cuando tenía trece años porque lo único que recibía a cambio eran críticas destructivas. Ella pensaba que el bloqueo de emociones que yo construí entre nosotras dos para protegerme a mí misma para no salir herida era una característica que yo tenía en todas mis relaciones. Este maltrato verbal constante realmente se filtró en mis relaciones. Me sentía insegura con mis amigos y con el sexo opuesto. Es una batalla que a los veinte años por fin estoy comenzado a ganar con la ayuda de Dios.*
>
> *Lacynda B., 20 años*

Lo que la gente piense no tiene mucha importancia. El trasfondo de su adolescente, si es de alta posición o no, no le hace mejor ni peor delante de Dios. La apariencia se desvanece. Tenemos la oportunidad de enseñar a nuestros adolescentes que son importantes sólo porque Dios los conoce por su nombre. Nuestras palabras son poderosas porque moldeamos a nuestros hijos cuando ellos se miran en el espejo de lo que decimos y ven que son valiosos para Dios porque lo son para nosotros.

> *Mi mamá me dijo que yo soy todo lo que ella hubiera querido ser cuando tenía mi edad. Yo pienso en eso semana tras semana.*
> *Becca A., 15 años*

3: NO DAR ÁNIMO

> *Mis padres por lo general son personas positivas así que la mayoría de las cosas que dicen me animan.*
> *Esther M., 17 años*

Hace años yo tuve un jefe que tiraba los papeles en el buró de las secretarias si encontraba un error de mecanografía. Yo me sentía orgullosa de mi trabajo y cuando él me lo hizo a mí, me sentí humillada. Él sólo se percataba del uno por ciento de errores que se cometían y nunca comentaba sobre el noventa y nueve por ciento de contribuciones positivas que hacía el personal de la oficina. Su actitud me inspiraba el deseo de renunciar. Toda persona merece ser tratada con dignidad incluso cuando comete un error.

> *Cuando yo sea padre, seré diferente. Yo sé las cosas que mis padres han hecho al criarme y cómo eso me ha hecho rebelde. Yo seré un poco menos duro en muchos aspectos y animaré a mis hijos en todas las cosas.*
> *Steven S., 16 años*

Sabemos que las palabras afectan a nuestros adolescentes pero, ¿y las palabras que no decimos? ¿Saben nuestros adolescentes que los queremos aun cuando estén teniendo dificultades? ¿Los apoyamos? Somos muy propensos a hablar de lo que hacen mal, pero ¿les dejamos saber lo que hacen bien?

> *Mi mamá estaba quejándose de mi papá y diciendo cuánto deseaba no haberse casado con él. Yo quiero mucho*

a mi papá así que dije: "Entonces supongo que deseas que yo no hubiera nacido". Mi mamá no dijo nada, y el que calla, otorga.

Leigh, 16 años

Darrin vino a vivir con nuestra familia después de un intento fallido de suicidarse. Era un joven de diecinueve años con una gran necesidad de que lo animaran. Es uno de los jóvenes más talentosos que haya conocido. Es entusiasta, inteligente, tiene el don de hablar, es divertido y amable. Sin embargo, había llegado a un punto en que renunció a la vida. Aquellos primeros meses no fueron fáciles. Él había caído en un patrón de autodestrucción. El suicidio no es la única manera de destruir una vida. Otros pueden minar el espíritu de una persona mediante la falta de ánimo. Darrin había renunciado a sí mismo.

Me parece que mi madre me hizo sentir tonta cuando yo estaba débil en mi fe y acudí a ella para recibir apoyo. Ahora veo que quizá ella pudo haberme apoyado más y ser menos contenciosa. Mi vida era complicada y yo necesitaba compasión mediante su fe en Dios.

Annie T. 18 años

Al comienzo Darrin respondía a nuestras palabras de ánimo con negación. Junto con su familia, sus amigos y su pastor le hicimos saber que su vida valía. Con el tiempo él comenzó a aceptar nuestras palabras y recibirlas como verdad. Fue maravilloso ver cómo Dios sanaba a Darrin al quitar la imagen de fracaso que él tenía y sustituirla por el conocimiento de que Dios y otros lo amaban.

Mis padres siempre han hecho énfasis en que soy especial por tres motivos: 1) Soy cristiana; 2) Tengo una madre y un padre que me aman pase lo que pase; 3) Cuando yo crezca puedo ser lo que quiera ser. Cuando los padres te dicen constantemente cuánto significas para ellos y cuán especial eres, sientes un gran respeto hacia ellos y hacia ti misma.

Rachel K., 18 años

Ahora Darrin está casado con una hermosa mujer cristiana y están esperando su primer hijo. Él ministra a jóvenes universitarios y comparte con otros su historia de esperanza. Se ha convertido en el hombre que fue diseñado para ser desde el principio. Un poco de ánimo puede llegar muy lejos.

4: LAS PELEAS SIEMPRE SON MALAS

Pregunta: ¿Alguna vez peleas con tus padres?

¡Sí! ¿No es lo mismo con todos los adolescentes?
Elizabeth H., 14 años

Hasta en las relaciones más saludables, las personas que se aman tendrán desacuerdos. Todos los adolescentes a los que entrevisté dijeron que peleaban con sus padres en un momento u otro. Sin embargo, existe una diferencia entre tener peleas continuas y resolver los conflictos. Las peleas y las riñas insignificantes pueden provocar grietas profundas entre usted y su hijo adolescente, especialmente cuando no se resuelve nada.

De vez en cuando peleamos por cosas pequeñas, tontas. Es una mezcla de las fallas de ambas partes. Yo soy testaruda y a ellos no les gusta ceder. ¡No es una buena mezcla!
Kim Z. 18 años

Las luchas continuas no sólo pueden dañar la relación entre usted y su hijo adolescente sino que pueden perjudicar también otras relaciones familiares.

Yo peleo más con mi mamá que con mi papá. Mi mamá y yo somos muy diferentes, así que algo puede molestarle a ella y algo totalmente diferente puede molestarme a mí. Por lo general ambas nos molestamos porque las dos creemos que tenemos la razón, así que no cedemos hasta que simplemente dejamos de hablar o mi papá dice que no se pondrá de parte de ninguna. Entonces mi mamá se enfurece porque él no está de su parte y abandona la pelea.
Kayla T., 15 años

CÓMO TENER UNA BUENA PELEA

Tendría un impacto en mi fe si mis padres tuvieran una visión global de las cosas y no miraran sólo las cosas pequeñas que yo haga.
Ben N., 14 años

Una buena pelea implica dar pasos para resolver un conflicto. Una buena pelea implica analizar los problemas o desacuerdos y buscar una solución o arreglo factible o un plan de acción. Para aquellos de ustedes que han experimentado el dolor de pelear con sus hijos adolescentes, tal vez no parezca ni posible tener una buena pelea. Permítanme asegurarles que no sólo es posible sino que es una manera positiva de fortalecer sus relaciones familiares.

Yo solía pelear con mi mamá hasta que aprendimos a comunicarnos mejor. Ella se dio cuenta de que yo era diferente a ella. Ahora las peleas son poco comunes.
Sarah H., 15 años

Una buena pelea se determina desde el principio. Se planifica. No ocurre cuando uno está de mal humor y furioso. Una buena pelea se produce en un momento y lugar predeterminados. Se produce cuando se reafirma el amor mutuo antes de tratar los problemas. Una buena pelea significa que ambos tendrán la libertad de hablar sobre las cosas que son importantes para cada uno. Cada quien acuerda no decir nada que sea malo o despectivo.

Mi padre siempre nos enseñó que para tener una discusión se necesitan dos personas. Así que no importa cuánto desees contraatacar, sólo quédate calmado y tranquilo y márchate cuando la otra persona termine de gritar. Entonces tómense un tiempo para calmarse y conversar del asunto. Mi padre ponía en práctica su consejo.
Lacynda B., 20 años

Una buena pelea implica que ambas personas serán buenos oyentes y que cada quien estará de acuerdo en dejar fuera las acusaciones personales.

En lugar de señalar los defectos individuales (como por ejemplo: "Eres un vago"), usted y su adolescente deben acordar abordar soluciones prácticas (como por ejemplo: "Quiero que recojas tu habitación dos veces por semana. ¿Qué días te resultan mejores?").

> *Yo creo que es saludable discutir. Al final todos asumimos la responsabilidad.*
> *Georgia P., 16 años*

Tanto mi hijo como yo somos apasionados. Mi temperamento hierve mientras que el de él entra en erupción. A ambos nos interesan mucho ciertos temas. Una vez caímos en un punto muerto y yo decidí que había llegado el momento de tener una buena pelea. Habíamos experimentado una confrontación terrible el día anterior. Yo perdí el control. Él lo perdió. No se resolvió nada. Ambos salimos heridos y enojados.

Me encontré con él en nuestro jardín. Vivimos en una pequeña finca y en esa época del año era muy agradable estar afuera. El estanque estaba lleno y el aire era suave. Todo estaba en calma mientras estábamos allí parados. Al principio ambos estábamos recelosos. Le dije a Ryan que lo amaba y que el día anterior había dicho algunas cosas de las que me arrepentía profundamente. Él respondió y dijo que había hecho lo mismo. Le dije que quería escuchar lo que él me tenía que decir pero que quería que también escuchara mi punto de vista. Le prometí que intentaríamos trabajar juntos para encontrar respuestas. Conversamos durante una hora. Yo reafirmé las cosas positivas que él hacía. Él dijo que realmente necesitaba escuchar eso de mí. Yo lo escuché mientras él contaba la frustración que sentía por algunas cosas que estaban sucediendo en su vida. Le expliqué cuánto me dolía cuando él se enojaba por cosas pequeñas y cuán impotente me sentía cuando no tenía idea de lo que andaba mal. Le pedí que me dijera cuando algo lo hacía sufrir para poder orar por él y animarlo. Él me dio un abrazo enorme y dijo cuánto me quería. Las palabras airadas del día anterior se disiparon mientras conversamos sentados en la parte trasera del camión. Fue la mejor pelea que jamás habíamos tenido.

> *Nosotros discutimos pero realmente no peleamos. ¿Hay alguna diferencia?*
> *Brianna B., 16 años*

A menudo las peleas son destellos de ira que queman toda esperanza verdadera de comunicación. Cuando su presión arterial está por dispararse, no es el mejor momento para tener una discusión.

> *Las palabras de mi mamá no siempre son agradables, y en verdad yo dejo que eso afecte la manera en que me veo a mí misma.*
> *Annie T., 18 años*

Es mejor alejarse y dejar que su hijo adolescente sepa que conversarán cuando ambos se hayan calmado en lugar de malgastar tiempo y energía preciosos al abrir un hueco enorme en la relación con explosiones de ira.

> *Mis padres y yo discutimos casi todos los días. Por lo menos cuando discutimos, quiere decir que no tengo que dejar que se acerquen a mí.*
> *Eleanor T., 16 años*

Las riñas y las discusiones constantes lo alejan de su adolescente. Crean una brecha entre ustedes que parece imposible de cerrar. Pero cuando ustedes resuelven los conflictos, usted tiene una oportunidad de ver la situación desde el punto de vista de su hijo adolescente.

> *Quisiera que mis padres comprendieran lo que me pasa y el estrés que siento. Quisiera que me escucharan antes de empezar a contradecir lo que digo.*
> *Becky S., 18 años*

Hay muchos padres que temen que si resuelven el conflicto en lugar de dar órdenes, perderán su autoridad. Permítame decirle algo: Cuando usted pierde el control y su relación llega a un punto bajo en que ambos gritan y pelean, o si tiene que usar la fuerza física para que su adolescente ceda a su voluntad, usted ya perdió la autoridad.

> *Cuando discutimos yo quisiera que se manejara con amor.*
> *Jessica L., 14 años*

A estas alturas de su relación la obediencia de su hijo adolescente a su autoridad se basa en el respeto. Cuando mi hijo estaba en el último año de la secundaria medía 6'3" (1.92 metros) y pesaba 190 libras. Yo mido 5'7" (1.73 metros) y bueno.... ¡no voy a decirle cuánto peso! El asunto es que él era mucho más alto que yo y no podía obligarlo a hacer algo que él no quería hacer. Cuando le decía que hiciera algo, su obediencia (la cual yo esperaba) era por amor y respeto. Eso no sucede cuando trato de ser la amiga de mi hijo adolescente. No sucede cuando ignoro el problema con la esperanza de que desaparezca. No sucederá si simplemente me rindo porque es más fácil dejar que él haga las cosas a su manera. Todos los adolescentes necesitan estructura y nuestra función es proporcionar dicha estructura mediante los límites y una instrucción coherente que incluya consecuencias razonables y también ánimo.

> *Quisiera que mi madre escuchara cuando trato de parar una discusión al decirle: "¿Por qué no oramos acerca de esto y tratamos de conversar de ello mañana?" Ella me dice que estoy usando a Dios como excusa para salir de la discusión y me duele que me acuse de algo así. Yo quisiera que la Palabra de Dios y el hablar de Él fuera algo más predominante en mi casa, pero eso empieza poco a poco, una persona a la vez.*
> *Lacynda B., 20 años*

El respeto se gana cuando usted trata a su adolescente de la manera en que usted quisiera ser tratado. ¿No sería maravilloso si la Regla de Oro se aplicara a cualquier otra persona excepto a las que viven bajo su techo?

> *Mis padres no escuchan lo que yo tengo que decir, como si fuera todavía una niñita cuyas opiniones no importan*
> *Helen V, 16 años*

Pues, ¡la Regla de Oro sí se aplica a todos los que viven bajo su techo! El respeto hacia otros fomenta la confianza. Cuando la Regla de Oro se pone en práctica, su adolescente sabe qué esperar de usted. No es cuestión de suerte cada vez que surja un conflicto. ¿Me responderá el papá bueno que quiere conversar y mostrarme lo correcto? ¿O me responderá el papá cuya cabeza gira mientras de su boca salen palabras dolorosas y feas que penetran mi alma?

Yo sólo quisiera que pudiéramos terminar las discusiones sin enojarnos el uno con el otro. Realmente detesto pelear con mi papá.
Ashley B., 14 años

Puedo escuchar a los padres apretar los dientes. "¡Es que no conoce a mi hijo!", piensa usted. Es verdad, no lo conozco, pero permítame recordarle una verdad fundamental: la única persona a quien usted puede cambiar es a usted mismo. Cuando usted decide resolver un conflicto con respeto, esperanza, dignidad y amor, es muy posible que su hijo adolescente reaccione.

A veces tenemos debates sobre cosas pequeñas que no dañan nuestra relación, sino que la mejoran. Necesitamos saber lo que cada uno cree y por qué.
Keith J., 21 años

5: USTED NO PERDONA Y NO OLVIDA

Yo quisiera que en realidad se interesaran por ayudarme y no por decirme lo que yo ya sé que está mal.
Troy M., 18 años

Una vez que se resuelve un problema, llega la hora de perdonar y olvidar. Si Dios aparta de su mente nuestras transgresiones tan lejos como el este está del oeste, ¿por qué no podemos olvidar el error que nuestro adolescente cometió hace un año?

Le pido que ore por mí. Ellos siempre están sacando lo que yo hice mal y eso es duro. Cuando yo cometo un error, lo sé. Duele que ellos siempre lo estén sacando.
Tracy J., 15 años

En un grupo pequeño que dirigíamos, una madre contó su dilema. Su hijo cometió un error grande y lo castigaron. Al principio él se arrepintió, pero la relación entre ellos estaba comenzando a deteriorarse. "No sé qué hacer, siempre está enojado", dijo la madre. Analizamos los hechos que llevaron al problema actual. ¿Cómo lidiaron con este error? ¿Conversaron acerca del error? ¿Habían establecido consecuencias? Las respuestas de ella demostraron que habían dado pasos positivos con su hijo. Entonces le pregunté por cuánto tiempo estaba castigado. "Indefinidamente", contestó ella. "Está castigado hasta que sepamos que no volverá a hacer esto".

De repente todo quedó claro. Para él no había alivio a la vista. Su castigo no estaba basado solamente en el error como tal, sino en todos sus posibles errores del futuro. ¡Un castigo basado en posibilidades podía durar para siempre! Le habían dado una sentencia sin esperanza de libertad condicional ni siquiera por su buena conducta. Las consecuencias deben tener un principio y un final. Los adolescentes deben sentir que hay oportunidad de redención. Una vez que traicionan su confianza, ellos quieren la oportunidad de recuperarla. Cuando un castigo se termina, ahí termina el suceso. Ellos han *cumplido su condena* y ahora tienen la oportunidad de comenzar de nuevo.

> *Mis padres olvidan que yo sí me doy cuenta de que cometo errores y que cuando meto la pata soy yo quien sufre las consecuencias. Ellos se sienten obligados a mostrarme cada herida y cicatriz que hay en mi corazón como si yo no supiera ya que están ahí.*
>
> *Lacynda G., 20 años*

No puede haber un nuevo comienzo si seguimos recordándoles el pasado a nuestros adolescentes mucho después de que han sufrido las consecuencias. Los recuerdos de sus fracasos se ciernen sobre su cabeza, como si fueran a caerles encima en cualquier momento.

> *Mis padres no confían en mí debido a mi pasado. Pero durante el último año yo no me he metido en ningún problema. He tratado tenazmente de ganarme su confianza, pero haga lo que haga, ¡no lo logro!*
>
> *Elizabeth B., 17 años*

Cuando Blake era más joven cometió algunos errores graves y sus padres tenían todo el derecho de no confiar en él. Eso fue hace tres años. Hoy él está en onceavo grado y ama a Dios. Le va muy bien en la escuela. Es líder de su grupo de jóvenes. Su meta es asistir a un instituto bíblico y trabajar en el ministerio en el futuro. Sin embargo, hay ocasiones en que quiere darse por vencido. "Si no organizo mi habitación mi mamá me recuerda que soy cristiano. Entonces empieza a decir cuánto le he fallado en el pasado. Eso me desanima. Quiero que ellos me vean como soy ahora. Si dejo cosas en el suelo, está bien hablar de eso, ¡pero que no me saquen en cara el pasado!"

> *Le conté a mi mamá un error que cometí que casi destruye mi vida. Ella lo tomó muy bien pero más adelante me lo sacó en cara."*
> *Annie T., 18 años*

Hace un tiempo me encontré con algunas amigas de la secundaria. Ellas hicieron varias referencias a lo delgada que yo era en aquel entonces y comentaron también lo tímida que yo era. No lo hicieron con mala intención y no me sentí ofendida. Fue interesante porque pude ver claramente la mujer confiada que Dios ha permitido que me convierta; sin embargo, a medida que avanzaba la noche, recordé cómo me sentía cuando era una chica insegura y tímida hace veinticinco años. Mis amigas tenían la imagen de una adolescente de 16 años y no veían la mujer que estaba sentada frente a ellas. Cuando sacamos a relucir continuamente los errores pasados de nuestros adolescentes, los inmovilizamos. No vemos lo que ellos pueden ser. Se quedan atascados en el pasado. Recuerde que el pasado ya pasó. Deje que su adolescente dé los pasos necesarios para aprender de sus errores y dejarlos atrás.

> *Me resulta difícil contarles a mis padres cuando Dios ha revelado algo en mi vida porque me da miedo de que no vean el cambio en mí que viene de Dios, o que recuerden mi pasado.*
> *Anna A., 15 años*

NO TENDREMOS TODAS LAS RESPUESTAS

> *Ahora mismo tengo problemas. Creo que para ayudarme basta con que me amen y me apoyen más. Necesito ánimo y saber que pase lo que pase, ellos me apoyarán.*
> *Beth A., 17 años*

Ninguno de nosotros tiene siempre las respuestas correctas. De hecho hay ocasiones en las que no sabemos qué decir ni cómo ayudar. A veces nuestra presencia dice mucho más que las palabras.

Cuando mi hijo tenía quince años una persona que iba manejando borracho lo hirió. Yo me sentí completamente indefensa. El conductor borracho perdió el conocimiento mientras manejaba a 70 millas por hora (112 km. por hora) y le dio al auto en que iban mi hijo y sus dos amigos. El conductor borracho murió en el acto. Mi hijo, un gran atleta, tuvo doce fracturas de la cintura hacia abajo. Estuvo en el hospital durante seis semanas y la rehabilitación física duró un año. Uno de los amigos de mi hijo casi murió. Tenía veinte fracturas faciales y un pulmón perforado. El tercer chico casi sufrió una lesión grave al ser expulsado del vehículo. Todas las familias quedaron con una deuda enorme porque el conductor borracho no tenía un seguro adecuado.

El accidente y las consecuencias resultantes parecían tan absurdos. Ryan tuvo que aprender a caminar. Los médicos decían que nunca volvería a ser el atleta que había sido. Yo no tenía idea de cómo pagaríamos las cuentas. Me sentí dividida porque sentía lástima por la familia del conductor borracho aunque él había causado estragos en nuestra vida. El desastre pudo haberse evitado pero aún así costó una vida.

Yo oraba en el pequeño baño del cuatro del hospital donde estaba Ryan. Era el único lugar que podía encontrar para estar a solas con Dios. Aunque Él siempre había estado cerca, ahora parecía estar a millas de distancia. Yo sabía que Dios era fiel. Muy dentro de mí sabía que Él haría surgir algo bueno de esta mala situación. Mi cabeza me decía lo que yo sabía, pero mi corazón estaba destrozado. Aunque yo le mostraba una fachada fuerte a mi hijo, no me sentía fuerte.

Una noche un técnico de rayos X dejó caer a mi hijo cuando agarró las sábanas equivocadas para levantarlo. Eso provocó horas de dolor intenso y la morfina no podía calmar el dolor de Ryan. Yo estaba a su lado cuando mi hermana Mindy vino a verme. Ella me dijo que me fuera a casa y descansara pero yo no podía dejar a mi hijo. No había comido, así que Mindy me trajo comida. Más tarde esa noche me subí al catre que estaba junto a la cama de mi hijo y mi hermana se acostó a mi lado: "Si tú te vas a quedar, yo me quedo contigo", me dijo ella. Estábamos apretadas pero su presencia fue reconfortante.

Aquella noche Mindy no me dio ningún consejo pero se turnó conmigo para levantarse cuando las piernas de Ryan estaban acalambradas. Ella me frotaba la espalda y me contaba historias de nuestra niñez que me hacían reír. No me dio un solo consejo sino actos tangibles que me mostraban que le importaba lo que estaba pasando. Yo no creo que ella sepa lo que hizo por mí aquella noche, pero hizo que una situación dolorosa fuera soportable.

Los padres pueden ayudar cuando tratan de entender más que tratar de saberlo todo.
Jeremy K., 18 años

Luego de varios meses de terapia física, Ryan se graduó de la silla de ruedas a un bastón. Aprendió a caminar y luego a correr. El fisioterapeuta le dijo que ya podía practicar deportes. Ryan se inscribió en atletismo e intentó correr los 800 metros, una carrera que había logrado fácilmente el año anterior (hasta se había ganado el honor de participar en la competencia estatal). Yo me senté en las gradas y lo vi dar la primera vuelta, orgullosa de las horas que había dedicado y sudado y sufrido para llegar a este día. Un corredor tras otro lo pasó. Por fin cerré mis ojos cuando lo vi, con las piernas temblando por el esfuerzo, cruzar la meta de último. Se desplomó en el suelo y vomitó.

No había nada que yo pudiera decir que le devolviera a Ryan lo que él había perdido. No quería avergonzarlo más mimándolo pero no podía quedarme en las gradas mientras él se levantaba con gran esfuerzo en medio del estadio a la vista de todos sus competidores. Me abrí paso para llegar a él. Su hermana gemela se arrodilló a su lado, con los ojos llenos de lágrimas. "Estoy orgullosa de ti", le dije. Salimos del estadio hacia el auto. Mi corazón estaba apesadumbrado. Una vez más luchaba con sentimientos de impotencia.

Fuimos a ver al fisioterapeuta y le hicimos algunas preguntas difíciles: ¿Podría Ryan correr otra vez a nivel estatal? ¿Podría volver a jugar baloncesto en la primavera? Las respuestas no fueron lo que esperábamos. Durante el último año había visto a mi hijo sufrir mucho y no obstante, mantener una actitud buena. Él siempre tuvo esperanza. Animó a todos a su alrededor. Ahora, por primera vez, Ryan se enojó. Salió de la consulta bruscamente y se subió al auto, gritando enfurecido: "¡No es justo, mamá! ¡No es justo!". Golpeaba el tablero de instrumentos del auto con el puño y lloraba mientras renunciaba a sus sueños. Yo no dije falsas tonterías porque hubieran sido ofensivas. Le dije que sabía que Dios tenía un plan para él. Si era en el deporte, entonces confiaríamos en Dios juntos para que él se ocupara de los detalles. Pero a pesar de todos, nosotros lo apoyaríamos. Esto es lo que dice Ryan acerca de esa época en su vida:

> *Cuando quedé lesionado en el accidente mis padres estuvieron junto a mí. Significó mucho tener a toda mi familia todo el tiempo, saber que tenía a alguien apoyándome en todo momento. Ellos pensaron de manera positiva siempre y eso ayudó. Hizo que yo pudiera tener una actitud positiva.*
>
> *Ryan E., 19 años*

Yo nunca sentí que tenía todas las respuestas para Ryan. Hubo ocasiones en que no me sentí optimista, así que me sorprendió cuando él dijo que siempre fuimos positivos. Él sabía que lo apoyábamos y eso hizo que pareciera una experiencia positiva. Cuando nuestros adolescentes sufren, tal vez no busquen consejos ni palabras. No están buscando superhéroes, sólo un ser humano que llegue hasta ellos y se interese en su situación. Tal vez eso sea la única cosa que tiene la posibilidad de ayudarlos a tener una actitud positiva en medio de circunstancias negativas. Tal vez sólo necesiten saber que hay alguien de su lado.

PROFUNDICEMOS

Saber que su presencia puede ser reconfortante puede permitirle ver su papel en la vida de su adolescente. Comprender los errores que dificultan la conversación le da la oportunidad de llevar la conversación con su adolescente a un nivel más profundo.

> *Yo hablo con mis padres todos los días. Les cuento las cosas importantes, las cosas divertidas y las cosas no tan importantes. Tenemos una buena relación así que la conversación a menudo gira alrededor de temas contemporáneos de la fe, como el homosexualismo.*
>
> *Louise C., 16 años*

Hablar con nuestros adolescentes no es algo unidimensional. Ellos tienen mucho que ofrecernos. Podemos aprender cuando ellos hablan de sus puntos de vista sobre la fe y los problemas de la actualidad. A veces cuando converso con adolescentes en grupos pequeños me asombra la profundidad de su percepción. Yo soy la maestra pero ellos continuamente me enseñan a mí. Hablar con adolescentes puede darnos un vistazo de los hombres o mujeres en que se están convirtiendo.

Habla más conmigo y hazme más preguntas. Cuéntame más de tu testimonio y de dónde saliste. Cuéntame todo lo que Dios ha hecho contigo y cómo te ha cambiado. Déjame aprender de tus errores y no tener que cometerlos otra vez porque nunca me contaste.
Melissa A., 18 años

Las conversaciones más profundas también les permiten a los adolescentes llegar a conocerlo a usted y escuchar qué piensa usted de modo que usted pueda compartir sus ideas. Una de las mejores recompensas de conversar con sus adolescentes es sentirse lo suficientemente cómodo al conversar con ellos como para reírse y hacer bromas juntos. Desarrollar aptitudes para la comunicación fuertes llevará esfuerzo y tiempo pero el regalo que se recibe es la capacidad de verse mutuamente bajo una nueva luz, no sólo como mamá o papá, hijo o hija, adolescente o adulto, sino como personas.

Yo quiero que mis padres tengan un deseo genuino de conocerme. No simplemente: "¿Cómo te fue hoy?" sino "¿Cómo va el problema que mencionaste el otro día? ¿Cómo te va en la clase de español? ¿Y tu mejor amiga? ¿Con qué te puedo ayudar?"
Sarah C., 19 años

Póngalo en práctica

Una nota de amor

A veces es más fácil escribir las cosas que decirlas. Deje una nota de ánimo en un lugar donde su adolescente la pueda encontrar. Hágale saber que usted lo ama. Mencione algo positivo que haya notado en él o ella esa semana. Que la nota sea corta.

UN RECURSO ÚTIL

Los cinco lenguajes del amor de los jóvenes de Gary Chapman (Unilit). Descubra el lenguaje primario de amor de su adolescente y conéctese con él o ella a ese nivel. Este libro contiene ayudas prácticas para alcanzar a su adolescente de una manera que tenga sentido para él o ella.

CONSEJOS PARA UNA COMUNICACIÓN EFICAZ

1. Escuche y déjelo hablar.
2. Una vez que este le confíe algo, nunca pierda la oportunidad de mantener la boca cerrada.
3. Confirme su valor para Dios y para usted.
4. Anímelo con elogios sinceros.
5. Gritar nunca es una opción saludable.
6. Dé consejos en dosis pequeñas.
7. Ore por su adolescente.
8. Recuerde olvidar el pasado.
9. Sea transparente, sea real. Su adolescente quiere un ser humano y no un superhéroe.
10. Espere grandes cosas, ¡atrévase a creer!
11. Todo padre o madre debe escoger sus palabras sabiamente.
12. Nada valioso es fácil; no se rinda.

¿ESTÁ LISTO PARA TENER UNA BUENA DISCUSIÓN?

1. ¿Cuál es el verdadero problema?
2. ¿Qué espera lograr? Escriba no más de tres cosas específicas que espera que su adolescente comprenda cuando termine la conversación.
3. Anote dos o tres cosas específicas que su adolescente puede hacer. Omita toda frase que empiece con "tú siempre" o "tú nunca".
4. Anote algo positivo que su adolescente haya hecho recientemente. Apoye a su adolescente al mencionar ese rasgo o acción positiva.
5. Reserve un tiempo para conversar con su adolescente.
6. Recuerde que los conflictos no se solucionan en un momento de enojo.

Capítulo cinco

Demuestre, no diga

He aprendido que uno nunca es demasiado maduro como para sostener la mano de su padre.
—Alumno anónimo de cuarto grado

Pregunta: ¿Te enseñan tus padres los "sí" y los "no" con el ejemplo?

Realmente yo sólo necesito ánimo. Ellos tienden a decirme lo que hice mal y para castigarme, pero rara vez me animan o me guían. Sólo esperan que yo haga lo correcto.
Becca A., 15 años

Nuestra hija mayor es sólo diecinueve meses mayor que los gemelos, así que prácticamente pasaron por los grandes obstáculos al mismo tiempo: manejar, tener citas, y marcharse de casa para ir a la universidad. Yo pensaba que cambiarles los pañales a tres bebés era difícil, ¡pero enseñar a manejar a tres adolescentes fue una locura!

Cuando Leslie recibió su permiso para conducir, mi esposo y yo nos turnábamos para enseñarle a manejar. Nos dimos cuenta de que este desafío sería más grande de lo que habíamos imaginado. Ella tenía un hábito frustrante de quitar las manos del timón cuando sentía temor y salía de los estacionamientos al tráfico sin mirar porque no había señales de alto. Al final de su primer año manejando, su pequeño auto parecía un carrito chocón lleno de golpes y abolladuras. Le había dado por detrás a un auto y a varios latones de basura. Además había patinado en un camino de gravilla y golpeado un poste de electricidad. Hasta chocó con un hombre que estaba cortando el césped de la cuneta frente a su propiedad. Cuando le pregunté por qué no paró dijo que pensó que él se movería.

Pronto llegamos a la conclusión de que nuestra hermosa hija, una futura abogada que sacaba notas excelentes, era una mala conductora. Una noche estábamos en el auto (ella en el asiento del conductor, pero a esas alturas todavía era un esfuerzo conjunto) y escuchamos una sirena. Leslie apretó duro el timón:

—¿Qué hago? —preguntó.

Le miré las manos y vi que todavía estaban agarradas al timón. ¡Estábamos progresando!

—Detente al lado de la calle y deja que pase la ambulancia —le dije.

Cuando la ambulancia se hizo visible, Leslie viró bruscamente hacia el borde de la acera, pero no se detuvo allí. Entonces pasó por encima de la acera y aceleró hacia un estacionamiento cercano. Un poste de electricidad apareció ante nosotros.

—Leslie, para —le dije con la esperanza de no asustarla pero orando que captara el mensaje. No funcionó. Soltó las manos del timón y quitó el pie del acelerador. El carro era mecánico y se detuvo de manera abrupta y con un chirrido. Los cinturones nos inmovilizaron a ambas contra los asientos. Miramos el poste de electricidad que estaba apenas a una pulgada del capó del auto. Yo me zafé el cinturón de seguridad y respiré profundamente mientras Leslie hacía lo mismo. Sin una palabra ambas salimos del auto y nos intercambiamos de asiento.

> *Comprende que soy joven y que aprendo según voy creciendo.*
>
> *Kayla T., 15 años*

ADULTOS BAJO CONSTRUCCIÓN

Nuestros adolescentes están dando pasos para convertirse en adultos. Es nuestra responsabilidad y privilegio como adultos y padres mostrarles les camino. Los adolescentes aprenden a medida que con paciencia trabajamos junto a ellos para ayudarlos a tomar las riendas de su propia vida. Este proceso de aprendizaje es un algo que hacen juntos los adolescentes y los padres a medida que compartimos con ellos cómo asumir responsabilidades, tomar decisiones en la vida y aprender lecciones prácticas.

Por favor dilo de manera que yo pueda entenderlo.
Jennifer H., 16 años

Demasiado a menudo los adultos sueltan los "no" y consideran que eso es educación suficiente. Les decimos a nuestros adolescentes todas las cosas que deben evitar: no tengas relaciones sexuales, no hagas fraude, no te vistas así, no hables así, no tomes alcohol, no uses drogas; sin embargo, no les mostramos lo que sí pueden hacer y cómo lograrlo. Esto también se aplica a la fe. ¿Cuántos sermones se predican sobre qué no hacer mientras un adolescente está sentado en el banco preguntándose cómo vivir su fe en un mundo real?

Todo lo que los padres no quieren que hagamos lo relacionan con lo que dice Dios. A veces yo quisiera que no me predicaran tanto.
Kemis L., 17 años

Hubiera sido más fácil decirle a Leslie todas las cosas que no debe hacer como chofer y marcharme, pero también hubiera sido peligroso. Ella nos necesitaba a su lado al principio. Si yo le hubiera tirado las llaves y le hubiera dado una larga lista de cosas que no debía hacer: no manejes pegada a otro auto, no uses el celular mientras manejas, no te busques un choque... hubiera sido una irresponsabilidad de mi parte. Sin embargo, pasa constantemente con otros asuntos en la vida de nuestros adolescentes.

Al final, fueron los "sí" los que convirtieron a Leslie en una experta conductora. Yo le enseñé las cosas básicas: cómo encender el auto, cómo usar el freno, cómo manejar en medio del tráfico. Luego pasamos a los aspectos más difíciles: cómo manejar en calles resbaladizas o heladas, cómo confluir a un tráfico que va a setenta millas (112 kilómetros) por hora, qué hacer en caso de que el auto sufre una avería junto al camino.

A menudo me dicen que no me meta en ciertas situaciones, pero no me dicen cómo salir de estas si ya estoy metida.

Grace B., 13 años

Cuando nuestros hijos cumplen trece años les estamos mostrando lo básico: cómo verse a sí mismo tal y como Dios los ve, cómo decir no a la tentación al tomar buenas decisiones, cómo hacer amigos que te traten como amigo. Cuando llegan a los dieciséis estamos de cierto modo en el asiento del pasajero mientras les mostramos cómo ganarse nuestra confianza al darles más libertades (a medida que ellos demuestren ser dignos de confianza): cómo escoger una persona del sexo opuesto en base a algo que no sea la apariencia, cómo trabajar para ganar y ahorrar dinero, cómo mirar más allá de la secundaria y trazarse metas para el futuro. Cuando llegan al último año de la secundaria deben ser lo suficientemente independientes como para cuidar de sí mismos. Deben saber lavar su ropa, cocinar, llevar una chequera, y entender que hay que trabajar para ganarse el dinero, y al menos deben tener una idea de lo que quieren hacer con el resto de su vida. En el sentido espiritual están en la autopista de la vida. Usted es una influencia, pero ahora ellos toman las decisiones. A estas alturas su adolescente está desarrollando una fuerte fe personal y un sistema de creencias que pudiera o no imitar al suyo.

Richard y yo impartimos una clase para universitarios y profesionales durante tres años. Ese primer año creamos una clase de habilidades prácticas para la vida cotidiana porque muchos de los jóvenes adultos no tenían las habilidades cotidianas que necesitaban, como saber cambiar una llanta ponchada, elaborar un currículum o emitir un cheque. Era muy claro cuáles de aquellos alumnos habían tenido adultos que invirtieron en su vida y cuáles no. En el sentido espiritual, estos adultos jóvenes estaban tomando todas las decisiones cruciales en su vida: cómo llevar sus relaciones, qué era lo que Dios quería que hicieran profesionalmente, cómo vivir su fe sin ningún apoyo, y los "no" no eran suficientes.

Muchos de estos jóvenes no habían recibido lo que necesitaban cuando tenían trece años, así que a los veinte estaban tratando de vivir independientemente sin las herramientas espirituales básicas que necesitaban. Ellos querían saber cómo tener una relación personal fuerte con Dios. Querían entender cómo disciplinarse para leer la Biblia y orar. Algunos estaban aprendiendo a fuerza de errores. Todavía eran adultos en construcción aunque por su edad ya eran adultos.

Yo quiero que mis padres me enseñen mediante el ejemplo.
Helen V., 16 años

OPORTUNIDADES DE CRECIMIENTO

Pregunta: Si "metes la pata", ¿hay algo que tus padres pueden hacer para ayudarte a arreglar las cosas?

Ellos pueden ser perdonadores y entender que yo metí la pata y que yo mismo ya me estoy castigando lo suficiente. No necesito que ellos me digan lo que hice mal o por qué estuvo mal. Más bien necesito que sean abiertos, sinceros y realistas.
Jenny M., 19 años

Cuando Leslie saltó por la acera y casi le dio al poste, ella cometió un gran error, un error que pudo habernos costado la vida. Pero si ella iba a aprender a manejar de manera segura, mi función era perseverar con ella hasta que supiera hacerlo bien. Yo no podía rendirme porque era difícil o porque ella no estaba captando los elementos básicos tan pronto como yo creía que debía hacerlo. Leslie ya tiene veintidós años y está en el último año de la universidad y en realidad es una conductora excelente. De hecho ha sido buena conductora durante cinco de los últimos seis años. Su Mustang verde no tiene abolladuras ni golpes. Piensa estudiar derecho y ha demostrado lo que siempre sabíamos: una adolescente puede ser brillante, pero no obstante necesita a los padres para algunas cosas. Las cinco canas que me salieron durante sus lecciones de conducir son mi placa de honor. Aunque nos encanta contar historias de los primeros tiempos en que Leslie manejó, tenemos que reconocer que aquellos días pasaron hace mucho tiempo y que ahora ella es una conductora excelente.

Mi papá me dice que nunca se acuerda de una sola vez en que yo haya metido la pata. Él piensa como yo. Te equivocas, lo olvidas, te levantas y sigues adelante.
Georgia P., 17 años

Su adolescente cometerá errores. Los errores son oportunidades. Le permiten mostrar a su adolescente cómo asumir la responsabilidad por sus errores, salir de estos y aprender de los mismos.

En nuestra sociedad existen dos extremos en cuanto a métodos para criar a los hijos. Uno es proteger al adolescente de sus acciones a toda costa. Estos padres recogen la ropa del piso del baño cuando sus hijos terminan de usar el bañó, a pesar de que les han pedido que echen su ropa sucia en el cesto. Son los que suponen que el maestro siempre está equivocado cuando se trata de su "bebé" aunque el "bebé" mida seis pies, tiene una barba de chivo y ya va por su tercera infracción. Estos padres son los que les compran a sus adolescentes autos nuevos cuando destrozan su primer auto o que hablan con un amigo influyente en el tribunal cuando sus hijas son detenidas por conducir ebrias. Este método de crianza siembra irresponsabilidad en el carácter de un adolescente. Esto le impide madurar. No es un regalo para su adolescente.

> *Pudieran evitar gritar. Me gustaría que me disciplinaran de manera que realmente yo lamente lo que hice. Cuando mis padres me piden que les diga algo, debieran escuchar hasta el final y darme un consejo, no criticarme (hay una diferencia). Pueden ser un buen ejemplo en todo lo que hacen y no humillarme.*
>
> *Linda S., 14 años*

Por otra parte están los padres que no rescatan a sus hijos cuando estos cometen errores. La madurez es un resultado directo de crecer mediante los triunfos y los errores. La responsabilidad se forja en el carácter de un adolescente cuando este aprende de sus errores. Los padres tienen la sabiduría y la experiencia para compartir ideas sobre cómo tomar mejores decisiones la próxima vez. Pueden establecer límites y consecuencias para las acciones de sus adolescentes. Pueden dejar que sus adolescentes sepan que nunca se darán por vencidos con ellos y que creen que la próxima vez les irá mejor.

> *Ahora mismo tengo problemas. No creo que haya mucho que mis padres puedan hacer. Para ayudarme ahora mismo pudieran simplemente amarme y apoyarme más. Necesito*

que me den ánimo y saber que pase lo que pase, ellos me apoyarán. También creo que deben dejarme decidir si realmente quiero vivir la vida cristiana o no. Estoy en una edad en la que tengo que descubrir por qué creo lo que creo. Ya no puedo simplemente basarme en lo que ellos me dicen.
Beth H., 17 años

Este segundo método de crianza es extremadamente difícil si su adolescente está tomando decisiones que no sólo le están dañando sino que además están creando un caos y están dañando su relación con su familia. Es difícil cuando su adolescente no está viviendo según los principios bíblicos. Hay un pesar en el corazón que sólo los padres pueden comprender cuando ven a su adolescente rechazar lo que ellos saben que es correcto. Lo más fácil es simplemente desistir, pero es en ese momento que nuestros adolescentes más nos necesitan. Es una cuestión de malabarismo cuando los padres establecen límites y consecuencias y aun así deciden creer que Dios tiene un propósito con sus hijos.

Ahora mismo no tengo problemas, pero si los tuviera, necesitaría que ellos fueran sensibles a estos. Necesitaría que ellos me ayudaran, lo cual puede incluir o no que me digan cosas. Necesitaría que escucharan y que conversaran conmigo y me ayudaran a pasar por cualquier cosa que estuviera sucediendo. Necesitaría que me amaran independientemente de cualquier estupidez que yo hubiera hecho.
Amanda B., 18 años

COHERENCIA

El factor clave en la relación entre padre y adolescente es la coherencia. La confianza entre un padre y un adolescente se desarrolla cuando cada uno sabe qué esperar. Se produce cuando los padres cumplen con su palabra y cuando no toman decisiones con ira, premura o cansancio sino en base a las normas de la familia que ya fueron trazadas. Dichas normas no están grabadas en piedra sino que se establecen para que todo el mundo tenga una definición clara de lo que se espera en circunstancias normales.

Yo sólo quisiera que ellos fueran coherentes. Eso es muy importante. Ser coherente significa orar con tus hijos e interesarse lo suficiente como para lidiar con cualquier problema de una manera cristiana. Ser un buen ejemplo en cada asunto.
Annie T., 18 años

La coherencia se produce cuando nuestros adolescentes comprenden que sus padres están de acuerdo entre sí. Las decisiones que afecten a nuestros adolescentes deben sopesarse y tomarse a puertas cerradas. Los adolescentes tal vez no vean el proceso de tomar decisiones y los acuerdos mutuos a los que han llegado los padres, pero reconocerán la fortaleza y la estabilidad de dos personas que están de acuerdo y quienes desean lo mejor para su hijo o hija adolescente.

AYUDAR A SU ADOLESCENTE A REENCAMINARSE

Mis padres me criaron en un ambiente muy amoroso toda la vida. Ellos no toleran el pecado pero son comprensivos y siempre escuchan y dan consuelo. No son demasiado estrictos. Cuando los padres son demasiado estrictos los adolescentes se sienten demasiado controlados y es muy probable que se rebelen. Ellos sólo son estrictos con las cosas importantes. Me alegra que mi papá no ceda. El amor no deja que la otra persona caiga. Si me hubieran dejado hacer lo que yo quería, no sé dónde estaría hoy. A veces necesitas a alguien que te ayude a tener la cabeza bien puesta sobre los hombros.
Michelle H., 17 años

Cuando yo estaba escribiendo mi primer libro entrevisté a cientos de adolescentes que estaban en situaciones malas, ya fuera por decisión personal o debido a factores que estaban totalmente fuera de su control. Chad era uno de estos adolescentes que entrevisté. Lo criaron en un hogar cariñoso y piadoso, pero comenzó a tomar alcohol en la secundaria. Era un fiestero los fines de semana y cuando llegó al décimo primer grado, el tomar ya no era una diversión, sino una adicción. La mamá y el papá de Chad no estaban ajenos a lo que estaba sucediendo. Él quebrantaba las reglas constantemente y ellos las hacían cumplir coherentemente, balanceando las consecuencias y asegurando que él asumiera la responsabilidad por sus actos. Ellos lo amaban incondicionalmente aunque en ocasiones él les hacía la vida casi insoportable. Ellos oraban por él todos los días aunque parecía que los cielos estaban cerrados para ellos.

> *Anímenme. Háganme saber que estarán conmigo en cualquier cosa que pase.*
> *Pete D., 18 años*

Una noche Chad salió borracho de una fiesta. Tropezó, cayó al suelo, vomitó y no se pudo levantar. Ahí en el suelo analizó su vida y se preguntó cómo había llegado ahí. Clamó a Dios y le entregó su vida al Señor. Fue un momento crucial. Regresó a casa y pidió ayuda. Chad averiguó sobre Teen Challenge (una organización cristiana para adolescentes con problemas que controlan su vida), y como resultado quedó cambiado por completo.

> *Ellos pueden hablar conmigo, orar por mí y darme consejos.*
> *Jennifer H., 20 años*

Mientras escribía la historia de Chad pensé en la mamá que estaba en casa orando por su hijo y tratando de confiar en Dios incluso cuando parecía que Dios no la estaba escuchando. Aunque ella no podía verlo, Dios, tras bambalinas, estaba obrando en la vida de su hijo. Cuando llegó el momento de que a Chad se le agotaran las opciones, se volvió a Dios en busca de respuestas. Han pasado cuatro años desde aquella noche. Ahora Chad viaja con un equipo misionero de jóvenes por el mundo entero. Siente pasión por los perdidos. Es un joven extraordinario con un testimonio poderoso de un Dios misericordioso y una madre que no se cansó de él.

> *Creo que ellos deben animarte a seguir tratando de encontrar el camino. Los padres no pueden decidir tu fe por ti. Si tienes problemas con tu fe, es algo entre tú y Dios.*
> *April W., 14 años*

La mamá de Chad no pudo hacer que él escogiera a Dios, pero podía orar. Chad dijo que incluso cuando él se había cansado de sí mismo, sabía que Dios no porque su mamá no lo había hecho. Esa es una declaración poderosa. La historia de Chad, y montones de historias similares, me cambiaron a mí como madre y como alguien que habla a los adolescentes y trabaja con ellos. A pesar de lo crítica que parezca la situación, escucho la voz de Chad que dice: "No te canses de mí". Ahora veo adolescentes a la luz de un corazón que anhela a Dios independientemente de que las acciones o las circunstancias digan lo contrario.

> *Mis padres pueden entender que todos nos equivocamos y en lugar de gritarme, perdonarme y ayudarme a solucionar los problemas con Dios y conmigo misma. Me gustaría que me apoyaran, que me apoyaran de verdad.*
> *Katie P., 17 años*

Debemos conceder a nuestros adolescentes el lujo de aprender de sus errores y al mismo tiempo creer en ellos y en el poder de Dios. No podemos rescatarlos continuamente, pero sí podemos establecer límites razonables en base a su conducta y fiabilidad. Podemos hacer cumplir las consecuencias de manera coherente cuando se salen de los límites. Sin embargo, nunca debemos darnos por vencidos con ellos. Debemos mostrarles que son amados, incluso cuando parezca que son difíciles de amar.

> *Ellos pueden explicarme que las cosas en la vida no son tan malas, que todo el mundo se equivoca de vez en cuando. Pudieran contar algunos ejemplos.*
> *Sam B., 20 años*

SOLTAR A SUS HIJOS

> *Ellos no me dicen lo que tengo que hacer y eso me ha hecho fuerte e independiente, pero sí me muestran y eso también me ha hecho fuerte e independiente. Los hechos dicen más que las palabras.*
> *Melissa A., 18 años*

¿Es usted de los que hacen listas verbales? ¿Enseña a su adolescente al decirle las cosas que tiene que evitar y las que no debe hacer? ¿O se pone su cinturón de seguridad espiritual y da un viaje con él, mostrándole el camino con su ejemplo o dándole respuestas firmes sobre por qué debe decir que no? A medida que su adolescente aprende, ¿se sale usted poco a poco de su camino y deja que este se ponga en marcha por sí solo?

> *A mí me enseñaron desde pequeña sobre la responsabilidad y las consecuencias. Mis padres realmente ya no tienen que enseñarme esas cosas tan a menudo.*
> *Steven S., 16 años*

¿Le ha inspirado usted confianza a su adolescente al darle las herramientas que necesita para tomar decisiones correctas? ¿Le está mostrando las habilidades prácticas que necesita como adulto joven? ¿Comprende su hijo adolescente las normas de la familia? ¿Usted establece límites y consecuencias razonables? ¿Y qué de la vida espiritual de su adolescente? ¿Le ha hablado de los pasos que debe dar para fomentar una relación personal con Dios? ¿Usted vive su fe? ¿Comprende su adolescente que usted ama a Dios y ve una relación real con Él en su vida? En lugar de dar a su adolescente una lista de cosas que no debe hacer, enséñele a prosperar espiritual, emocional y físicamente.

La primera vez que Leslie manejó sola sobre hielo yo la seguí hasta la escuela. Le había mostrado cómo golpear ligeramente los frenos para agarrar el hielo y cómo estar alerta a los pedazos negros. Sin embargo, no estaba segura de si ella estaba realmente preparada, así que la seguí a una distancia segura. Ella entró al estacionamiento de la escuela y mis gemelos de catorce años miraron hacia atrás para ver si yo todavía estaba ahí. Supongo que esperaban que no los siguiera. No lo hice. Me fui confiada en que Leslie tenía las habilidades que necesitaba. Si hubiera continuado siguiéndola después de ese momento, ya no le habría estado mostrando el camino, sino socavando su confianza. Ella me había demostrado que era capaz. Estaba claro que había llegado la hora de terminar el entrenamiento y dejar que ella asumiera la responsabilidad por ese aspecto de su vida.

Ella todavía me necesitaba en otros aspectos y seguimos adelante. Ya es alumna de último año de la universidad, y todavía me llama en ocasiones para pedirme consejos o para que la escuche. Pero mi hija, la joven de veintidós años, confiada y segura, ha recorrido un gran trecho desde cuando era una chica insegura que se aterraba y soltaba el timón. Cuando su adolescente obtiene las habilidades y herramientas necesarias para andar por su cuenta, él toma el timón y usted ya no tiene que estar en el asiento del pasajero.

Siempre siento que vengo de un hogar amoroso cuando mis padres me apoyan. Me ayuda cuando ellos dicen: "Te amamos y sabemos que tomarás la decisión correcta".
Kim R., 19 años

Póngalo en práctica

1. Centre su atención en un aspecto en que su adolescente tenga problemas.
2. ¿Qué métodos de crianza utilizó usted para manejar la situación durante el mes pasado?
   ¿Qué ha enseñado usted mediante su ejemplo?
   ¿Comprende su hijo el "porqué" de las normas?
   ¿Le ha mostrado usted habilidades adecuadas para su edad?
   ¿Le dio usted ánimo? ¿Señaló lo que hizo bien?
   Una vez que aprendió la habilidad y demostró que era capaz, ¿lo echó a volar?
3. ¿Y qué de la coherencia? ¿Cómo se califica usted en este aspecto?
   ¿Su hijo adolescente tiene claras cuáles son las consecuencias de quebrantar una norma familiar?
   ¿Son adecuadas las consecuencias al acto, no demasiado severas ni muy poco estrictas sino razonables?
   ¿Sabe su adolescente cuándo terminarán las consecuencias?
   ¿Usted y su cónyuge mostraron un frente unido?
   ¿Usted estaba calmado o gritó u usó la fuerza física para enfatizar su posición?
   ¿Perdonó y olvidó cuando todo terminó?

Capítulo seis

Es cuestión de confianza

Los hombres son respetables en la medida en que respetan.

—Ralph Waldo Emerson

Pregunta: ¿Tus padres confían en ti?

Mi padre siempre me dice que confía en mis decisiones porque yo las tomo y asumo la responsabilidad de las mismas y por mis actos. Siento que mis padres pueden confiar en mí. No sé qué pudiera hacer para faltar a esa confianza. La tengo porque les hago saber lo que hago.

Georgia P., 17 años

El asunto de la confianza fue uno de los más populares en las encuestas y en los debates de los grupos pequeños. Algunos adolescentes pensaban que la confianza debiera darse automáticamente. Otros creían que la confianza era un privilegio. Muchos adolescentes expresaron frustración porque habían cometido errores en el pasado y ahora la confianza parecía algo ilusorio. Estos adolescentes no estaban seguros de cómo demostrar a sus padres que habían aprendido la lección. Todos los adolescentes expresaron un deseo de mantener, obtener o reestablecer la confianza entre ellos y sus padres.

> *Yo amo a mis padres pero quiero que me den un poco de libertad para tomar mis propias decisiones.*
> *Kemis L., 17 años*

Hubo varios adolescentes que se sentían derrotados. Eran dignos de confianza pero tenían menos libertad que sus amigos o conocidos que no eran dignos de confianza. Los padres de estos adolescentes aumentaron las restricciones cuando sus hijos eran lo suficientemente mayores como para montarse en un auto con sus amigos, manejar o comenzar a tener citas. Muchos de los adolescentes dijeron que hasta ese momento disfrutaban de mucha confianza y les chocó cuando mamá o papá pusieron el freno.

> *Yo soy digna de confianza pero me parece que sólo confían en mí cuando estoy sola y no con ninguno de mis compañeros.*
> *Becky S., 18 años*

Estos adolescentes se sentían indefensos porque las restricciones de sus padres no tenían nada que ver con su conducta y no estaban seguros de cómo obtener más privilegios. La falta de confianza estaba basada en los temores de sus padres: temor a las drogas, temor a los conductores borrachos, temor a la presión del grupo, temor a las armas, temor a las relaciones sexuales antes del matrimonio, y temor a que sus adolescentes fueran lastimados. Los "¿qué pasaría si...?" aterrorizaban a los padres.

> *Quisiera que mis padres entendieran que tienen una hija con valores morales y normas muy altas, alguien a quien le importa su futuro y hacer la voluntad de Dios. Necesitan confiar más en mí y hacérmelo saber. Quisiera tener más libertad. Quisiera que mis padres y mi familia no se asustaran tanto por las cosas.*
> *Alicia V., 15 años*

Una joven llamada Nikki me contó su historia. Cuando Nikki tenía quince años trabajó todo el verano para recaudar fondos para un viaje misionero con los jóvenes. El viaje tendría buenos acompañantes y estaría bien organizado. Pensaban viajar al extranjero y ayudar a construir una iglesia así como evangelizar en escuelas de toda la zona. Nikki era líder de su grupo de jóvenes y sentía que tenía el llamamiento de Dios en su vida para dedicarse al ministerio. Este viaje sería su primera experiencia con el trabajo misionero. Ella trabajó duro durante tres meses; hizo ventas de dulces, lavó autos y limpió garajes en el vecindario para recaudar fondos para su viaje. Cuando llegó el día de entregar el dinero, sus padres realizaron una reunión familiar. Le dijeron a Nikki que habían orado y sentían que Dios estaba diciéndoles que el viaje era demasiado peligroso. Ella no podría ir a menos que uno de ellos fuera con ella.

Nikki se sintió abrumada por la decepción. No era que sintiera vergüenza de sus padres pero no iban otros padres a menos que fueran parte del personal o de los patrocinadores. Y esta no era la primera vez que Dios "hablaba" a sus padres. Cada vez que Nikki había tratado de dar un paso de madurez durante el último año, sus padres de alguna manera habían apretado las riendas. Aunque Nikki sentía una paz increíble con relación al viaje misionero, sus padres no, y esa era la última palabra. Nikki podía llevar a uno de sus padres o quedarse en casa.

Nikki no sabía cómo luchar contra sus padres y con "Dios" en cuanto a esta decisión. Se preguntaba si alguna vez podría dar un paso de fe por sí misma. Se preguntaba por qué Dios nunca le habló a ella de los mismos temores que tenían sus padres. Se cuestionaba la paz y la emoción que había sentido por el viaje. Nikki no fue al viaje. Les dio a otros jóvenes el dinero que había recaudado para que lo usaran con los gastos de su viaje. El viaje misionero fue todo un éxito. Uno de los momentos más desalentadores para Nikki fue cuando los jóvenes testificaron de sus experiencias mientras ella permanecía sentada en el público. Ella los escuchó hablar de cómo habían llevado a personas a Cristo y se habían vuelto más atrevidos para testificar. Contaron cómo el viaje les había animado para tocar la vida de sus amigos en la escuela. Cuando me contó su historia, Nikki se secaba las lágrimas. No estaba enojada con sus padres ni celosa de los demás chicos. Su aceptación de la situación era evidente, pero también era evidente su frustración.

GANARSE LA CONFIANZA

No es inconcebible que nuestros hijos enfrenten tentaciones y situaciones difíciles ni que cometan errores cuando extiendan sus alas para volar. Sin embargo, cuando se les quita la confianza o no se les otorga nunca cuando corresponde, esto puede provocar frustración e incluso rebeldía. Es difícil para los padres saber cuándo soltar las riendas y cuándo ser estrictos. Somos responsables de enseñar e instruir a nuestros adolescentes para que tomen decisiones sabias en la vida y estamos conscientes de las tentaciones que enfrentarán. Sin embargo, nuestros adolescentes constantemente nos piden que les permitamos tomar esas decisiones por su cuenta. Ser capaces tanto de enseñarles sabiamente y de darles responsabilidad es sólo otro acto más de malabarismo que los padres tienen que realizar.

A veces yo quisiera que ellos me dejaran solucionar las cosas por mí misma. Es decir, entiendo que quieren que yo siga sus reglas pero sería más fácil si me soltaran un poco. Yo sé exactamente lo que ellos quieren que yo sea y sé la diferencia entre el bien y el mal. Sólo me gustaría demostrar que soy lo suficientemente fuerte en mi fe como para tomar decisiones correctas en lugar de hacerlo porque es lo que ellos quieren que haga.

Katie H., 15 años

Cuando mis hijos adolescentes se fueron a la universidad, lo único que me quedó fue confiar en el buen juicio de ellos. Aunque hablábamos todas las noches, yo sólo los veía una vez al mes. Ellos nos amaban y nosotros éramos parte de su vida, pero ya no nos necesitaban para ayudarlos a tomar decisiones. Ellos decidían cuándo irse a dormir o si querían quedarse despiertos toda la noche. Era decisión de ellos estudiar e ir a clases. Hicieron amigos nuevos que nosotros no conocíamos. Salieron con personas que nunca conocimos. Si iban a la iglesia los domingos por la mañana, y a cuál, era decisión de ellos, no nuestra.

Cuando yo era más joven era raro que confiaran en mí. Si un padre nunca da confianza y de repente lo hace, el hijo se libera y realmente puede cometer muchos errores.

Annie T., 18 años

La universidad puede ser una transición difícil para muchos adolescentes. Si nunca se les ha dado confianza y es su primera oportunidad de extender sus alas, pueden caer fácilmente. Si nunca han aprendido a tomar decisiones responsables fuera de la vista de sus padres, la vida universitaria puede ser una maestra muy dura.

> *Si mis padres hubieran podido cambiar algo yo les pediría que no fueran tan sobreprotectores. Creo que eso falla cuando salimos al mundo real. Uno es tan ingenuo y no se da cuenta de lo que realmente está sucediendo a su alrededor. La gente puede aprovecharse de uno y de su ignorancia.*
> *Brianne S., 20 años*

La independencia se fomenta poco a poco, desde que los hijos son adolescentes jóvenes. El propósito de estos pasos es prepararlos para que salgan de casa con todas las herramientas que necesitan para funcionar como adultos jóvenes.

¿ALGUIEN TIENE UN MAPA?

> *Si yo pudiera contarle algo a mi mamá o a mi papá y ellos escucharan, les preguntaría por qué con diecisiete años tengo que llegar a la casa a las 10:00 PM.*
> *Rebecca C., 17 años*

Cuando su adolescente está entre la edad de dieciséis y dieciocho años, usted puede sentir que se encuentra en un territorio totalmente nuevo y que alguien se olvidó de darle un mapa. ¿Debe tratar a su adolescente como un amigo? ¿Como un niño? ¿Como un adulto joven? ¿Cómo saber cuando su hijo adolescente oscila de uno al otro en un espacio de cinco minutos?

> *Mis padres me dan libertad hasta que haga algo para perder su confianza.*
> *Jenell E., 16 años*

Cuando Leslie entró en los últimos años de la adolescencia pidió poder llegar más tarde a casa y otras libertades. Se puso la mano en la cadera y arqueó una de las cejas como sólo ella podía hacerlo, tratando de que yo viera más allá. Explicó que ella era responsable y qué había llegado la hora de que la dejáramos crecer como joven adulta. Tenía mucho sentido lo que decía pero yo no estaba segura de cuánta libertad era demasiado. ¿Y si cometía un error? ¿Y por qué no mantenía su habitación ordenada y limpia si era adulta?

> *Mi mamá me dijo que siempre confiaría en mí hasta que tuviera un motivo para no hacerlo. Eso me lleva a hacer buenas cosas por ella.*
>
> *Lindsey C., 15 años*

Yo observaba a otras madres con sus hijos adultos con la esperanza de comprender mejor pero aquello sólo servía para confundirme. Algunos padres quitaban todos los límites y sus adolescentes mayores se desenfrenaban. Otros los ahogaban y los trataban como niños pequeños cuando ya eran lo suficientemente mayores como para tener hijos propios.

> *Soy muy digna de confianza. Si llego tarde, le cuento a mi mamá y conversamos al respecto. No oculto mi mundo a mis padres, sólo que no quiero tener que dar cada detalle. Es un tormento decirles a mis padres el nombre de todos los que fueron al grupo de jóvenes, a la fiesta o quiénes estaban hoy en la escuela. Yo digo "todo el mundo" pero ellos quieren saber quién es "todo el mundo. Ellos conocen a todos mis amigos y no veo por qué tengo que dar sus nombres cada vez.*
>
> *Brianna B, 16 años*

Tenía que haber un punto intermedio entre dejar que mis adolescentes mayores anduvieran desenfrenados y tener demasiado apretadas las riendas. Lo único que yo sabía de seguro era que no tenía todas las respuestas. A veces ponía límites porque yo era mayor y podía ver más allá de lo que era evidente. En otras ocasiones decía que no porque era más fácil. Pero eso no me funcionaba mucho. A medida que mis adolescentes maduraban me di cuenta de que llegaba el momento de decir sí a muchas otras cosas, ¿pero cómo?

PRESIÓN Y LIBERACIÓN

Quiero que entiendan y que no me traten demasiado duro pero que me den lo que me merezco. Que me apoyen y me ayuden.
Ricky M., 16 años

Faith, una de mis mejores amigas, es entrenadora de caballos. Ella usa un método de entrenamiento llamado presión y liberación. Faith lleva a un caballo no domado al ruedo. Agarra la cuerda con su mano y guía al caballo alrededor del corral. A medida que el caballo aprende a llevar el paso, ella suelta poco a poco la cuerda hasta que esta queda en su mano abierta. Si el caballo amenaza con soltarse o con hacer algo que pudiera dañarla a ella o a él, ella aprieta la cuerda. Este proceso puede durar varios días. Al final la cuerda queda suelta en la palma de la mano de Faith cuando ella da órdenes con su voz. El caballo ha aprendido a obedecer y existe una confianza mutua entre el caballo y su dueña.

Mis padres confían en mí porque yo he mostrado mucha responsabilidad toda mi vida.
Jeremy K., 18 años

Una vez que existe confianza mutua, llegó el momento de soltar el caballo en el ruedo. Faith utiliza un freno en la boca del caballo. Ella sujeta las riendas flojamente. Cada toque ligero es una señal al caballo que le dice qué rumbo tomar. Si un caballo comienza a escaparse o a encabritarse, ella tira de las riendas y ejerce presión en la boca del caballo. En cuanto él responde, ella suelta la presión.

Pareciera como si mi mamá siempre estuviera tratando de atraparme haciendo algo malo.
Grace B., 13 años

Un jinete sin experiencia podría llevar las riendas apretadas todo el tiempo. Esto confunde al caballo. Él está respondiendo pero la presión continúa. No está seguro de qué hacer para eliminarla. Si la presión se mantiene constante durante cierto período de tiempo, esto insensibiliza la boca del caballo y él no reconocerá las señales. Sólo reconocerá el dolor.

> *Espero que ellos me comprendan y sientan compasión, pero al mismo tiempo que me castiguen porque de otra manera, nunca aprenderé.*
>
> *Jen W., 15 años*

Muchos dueños entrenan a sus caballos de manera errónea. Algunos tratan de domar a los caballos con un látigo y acaban con un caballo rebelde y peligroso o con un caballo asustadizo que tiene un espíritu abatido. Otros miman demasiado a sus caballos y les permiten desarrollar malos hábitos que son irritantes. Ninguno de estos caballos puede funcionar bien fuera del ruedo. Estos caballos son impredecibles y a veces peligrosos.

> *Cuando yo cometo un error tenemos conversaciones largas y ellos por lo general me dan algunas ideas prácticas sobre lo que puedo hacer y a veces ponen límites.*
>
> *Bekah P., 18 años*

Cuando el entrenamiento de Faith concluye, el caballo está reacondicionado para responder a un toque suave y ligero. "No es cuestión de autoridad sino de relación", dice ella. "Tenemos que aprender a confiar el uno en el otro. El caballo tiene que saber qué esperar de mí. Cuando terminamos con el proceso de entrenamiento, tenemos un entendimiento mutuo".

> *Mis padres son coherentes en sus expectativas, reglas y consecuencias.*
>
> *Becky S., 18 años*

Cuando nuestros hijos llegan a sus años de adolescencia, las riendas están apretadas. A medida que maduran, comenzamos a aflojar la presión. A los adolescentes se les permite tomar decisiones y tener mayor libertad personal, un paso a la vez, según vemos cómo ellos manejan la responsabilidad. Si toman malas decisiones, pierden sus privilegios. Esa es la presión. La reacción a las malas decisiones no es un castigo duro o injusto, ni gritos ni rechazo.

Es una consecuencia coherente y esperada que es parte de las normas familiares. Los adolescentes saben de antemano que si abusan de las libertades, las perderán.

> *Pueden decirme que lo que hice estuvo mal y luego ayudarme a resolver mi problema. Si hago algo mal más de una vez, me pueden quitar algo. Mis padres no golpean a sus hijos para hacerlos entender.*
> *Amy A., 12 años*

Una vez que los adolescentes demuestran que son capaces de manejar ciertos privilegios, se afloja la presión y ellos disfrutan de independencia. Seguimos entrenándolos para prepararlos para las situaciones en que se encontrarán algún día: la universidad, una profesión y las relaciones personales, hasta que la cuerda esté suelta en nuestras manos. La responsabilidad de una conducta madura pasa de los padres a los hombros de los adolescentes cuando estos se van de casa. Ahora les toca tomar decisiones que afectan su vida y tienen las habilidades necesarias para hacerlo.

PAZ VERSUS PAZ INTERIOR

> *Yo esperaría que ellos entendieran y respetaran que estoy creciendo y debiera ser capaz de cometer mis propios errores y aprender de estos. Ellos no van a estar conmigo siempre y tengo que ser capaz de aprender a manejar mis problemas sin ellos.*
> *Brianna B., 16 años*

Hace poco visité a una amiga. Su hija tenía trece años y estaba preparándose para su primer viaje misionero.

—No siento paz al respecto —dijo—. Sé que ella es responsable y que estará con adultos que la cuidarán pero no estoy segura de que esté preparada.

—¿Ella ha dicho que no está preparada? —le pregunté.

—No, está muy emocionada —dijo la madre meneando la cabeza—. Pero yo debiera sentir paz al respecto, ¿no es cierto?

—Bienvenida a la adolescencia —le dije yo riéndome—. Durante los próximos años no podrás tomar decisiones sólo en base a que tengas paz interior.

Me imagino que ahora los lectores de todas partes del país tienen dudas. Hasta ahora estaban de acuerdo conmigo, pero luego de leer esa oración están listos para buscar otro libro sobre la crianza de los hijos. ¿No debiéramos sentir una paz total con relación a las decisiones de nuestros hijos?

> *Si mis padres confiaran en mis decisiones eso tendría un impacto en mi fe.*
> *Hannah N., 15 años*

Primero establezcamos una diferencia. Existe una paz profunda que permanece estable independientemente de las circunstancias. Y está la paz interior. Los temores y las dudas pueden perturbar la paz interior. Dios nos promete paz, pero no paz interior. Como padres enfrentaremos dudas, preguntas y temores.

Mi hija Melissa viajó a un país extranjero en medio de una guerra para hacer entrar Biblias clandestinamente para los cristianos perseguidos. Actualmente ella está estudiando en un instituto bíblico para ser misionera. Yo siento una paz total con su decisión, pero a medida que se acerca a su meta hay ocasiones en las que lucho con la paz interior. ¿Quién iba a saber cuando puse aquella bebé rubia en los brazos de mi pastor el día que la dedicamos al Señor que un día Dios me pediría que renunciara a ella? Todos comprendemos los sacrificios que implican las misiones, especialmente en la zona que ella ha escogido. Ella luchó con eso y hemos conversado al respecto durante horas. Melissa fue la hija que decía que nunca se iría de casa (por supuesto, en aquel entonces sólo tenía siete años). Ella pensaba construir una casa al lado de la nuestra y estar con nosotros siempre. Ella habla con nosotros por teléfono todas las noches. Sin embargo, es ella quien tiene el llamado al ministerio en un país cuyo gobierno es hostil al evangelio. Es ella quien vivirá lejos de la familia y del apoyo de quienes más la aman.

¿Cuál es mi papel en todo esto? No dejarme guiar por la paz interior sino confiar en la paz que hay en el corazón de mi hija. Tener confianza en su decisión y confiar en que ella está en las manos de Dios. Dar gracias porque ella escucha a Dios y obedece a su voz. A veces siento temor pero este lo mitiga la paz abrumadora que proviene de saber que Melissa ha abrazado el llamado de Dios para su vida.

Ellos me animan a buscar la voluntad de Dios y a hacer lo que É quiere. Rara vez pretenden saber exactamente lo que Dios quiere para mí.
Sarah H., 15 años

CUANDO SE TRAICIONA LA CONFIANZA

Pregunta: ¿Eres digno o digna de confianza?

Yo no he sido un hijo perfecto pero no esperes que lo sea porque tú tampoco lo fuiste. Ayúdame en lugar de gritarme. A la larga me ayudará mucho más. Sé que no puede ser fácil mantener la calma todo el tiempo, pero me enseñaría más acerca del cristianismo sincero que el gritarme y quitarme algunos privilegios. Déjame hacer algunas cosas pequeñas y si traiciono tu confianza sé lo suficientemente honesto conmigo para hacer que me dé cuenta de que lo hice. A veces podemos ser completamente ignorantes y no nos damos cuanta de que para ti hicimos algo malo y que traicionamos tu confianza. Sólo házmelo saber. Dime que quieres que me la vuelva a ganar.
Stan T., 15 años

Cuando la confianza se traiciona tiene que ocurrir un proceso de reedificación. La seguridad que siente un padre se desbarata cuando se imagina lo que pudiera suceder debido a las malas decisiones o las acciones imprudentes. No sabe si puede confiar en que su adolescente le diga la verdad. ¿Cómo podemos restaurar la confianza cuando esta se pierde? La primera decisión que tiene que tomar un padre es si las malas acciones fueron intencionales y deliberadas o si fueron un error.

ERROR O ABUSO INTENCIONAL

Mis padres impactan mi fe cuando me perdonan cuando cometo errores.
Anna A., 15 años

Errores. Todos los hemos cometido. Cuando arreglamos las cosas malas que surgieron a consecuencia de nuestros errores, aprendemos de estos. Sin embargo, existe una enorme diferencia entre un error y un abuso intencional de las reglas. Muchos padres ven los errores y los abusos intencionales de la misma manera y administran el mismo castigo por ambas acciones.

Analicemos dos casos. Primero, un adolescentes está armando un jaleo con su hermano, le quita la pelota, finge un pase y luego tira la pelota. El hermano no la agarra. La pelota choca con una lámpara y la tira al suelo. ¿Fue intencional? No. ¿Hay algún daño? Sí. Las motivaciones de los chicos no eran malas; ellos fueron descuidados. Cometieron un error. ¿Cuáles son las consecuencias? La lámpara costó $45 dólares y ellos tienen la responsabilidad de reemplazarla y de limpiar el desorden. Esto les da una lección para la vida. Tirar una pelota de fútbol en la casa te cuesta dinero que pudieras haber gastado en una camisa bonita. La próxima vez pueden salir con la pelota al patio y jugar allí.

En el segundo caso un adolescente se pelea con su novia cuando descubre que ella está saliendo con otra persona. Él la sigue hasta la casa de una amiga. Cuando ella entra, él agarra un bate de pelota y le rompe la ventana del auto. ¿Fue esto algo intencional y premeditado? Sí. ¿Hubo daños? Sí. El costo es de $650 dólares, gastos legales y daño a su reputación. Su motivación fue la venganza y actuó con ira. Las consecuencias impuestas deben ser mucho más rigurosas porque su conducta fue intencional, y no un error.

> *Aunque mis padres han sido estrictos con la disciplina y me han hecho asumir la responsabilidad por todas mis acciones, yo nunca cambiaría la manera en que me criaron. Muchísimos amigos e incluso extraños han comentado qué bien mis padres nos han criado.*
>
> *Becky S., 18 años*

No es cuestión de castigo. Es cuestión de disciplina. Disciplina es enseñar autocontrol y responsabilidad. La disciplina hace que un adolescente sea una persona mejor y le enseña a ser responsable por sus acciones.

UN CORAZÓN REBELDE

> *Si el padre o la madre ven alguna señal de rebeldía, tienen que intervenir porque al final los hijos saben que está*

mal. Sólo quieren hacerlo de todos modos porque no les importa. Si los padres adoptan una postura firme con sus hijos, a la larga estos se lo agradecerán.
Michelle H., 17 años

Si un adolescente se rebela y toma decisiones voluntariosas o hace cosas intencionalmente a pesar de las normas familiares, entonces las consecuencias y los límites crean la presión necesaria para disciplinarlo hasta que cambie su conducta. Las decisiones en cuanto a la confianza nunca deben tomarse en un momento de enojo. Las consecuencias son merecidas, pero el amor también lo es. Un adolescente nunca debe ver la desilusión por sus fracasos como una falta de amor hacia él o ella como persona.

Es desalentador cuando nuestros adolescentes se rebelan no contra nosotros sino contra Dios. Debemos ser sinceros en cuanto a la condición de su corazón. Si no están viviendo su fe, entonces debemos reconocerlo. Dios no los obliga a servirlo y nosotros tampoco podemos obligarlos a hacerlo. Ser sinceros nos permite separar sus acciones de su fe o la falta de la misma. No podemos disciplinarlos para que sirvan a Dios.

Ser sinceros nos permite poner a nuestros adolescentes en manos de Dios. Él los ama aun más que nosotros y tiene un plan para su vida. Podemos orar por ellos. Podemos orar y aceptarlos como personas y separar quiénes son de lo que hacen. Al mismo tiempo podemos dejar que asuman la responsabilidad por sus acciones intencionales o deliberadas.

UN CORAZÓN ARREPENTIDO

He aprendido a comunicar estas cosas a mis padres, pero no siempre fue así. He hecho muchas cosas como ver películas con las que mis padres no estaban de acuerdo o montar en autos con gente con quienes ellos no querían que yo saliera. Ahora mis padres confían en mí porque saben que soy digno de confianza.
Rebekah A., 20 años

¿Qué hace usted cuando su hijo adolescente ha dado un cambio de 180 grados en su vida? ¿Cómo sabe usted cuándo volver a otorgar la confianza? Christa comenzó a andar mal cuando estaba en onceno grado. Empezó a salir con varias chicas que eran populares. Se sentía especial al ser parte del grupo. Iba a fiestas en las que se consumía alcohol, pero ella no tomaba. Sin embargo, la regla en su casa era que no podía ir a fiestas en las que menores de edad estuvieran bebiendo.

Otra norma familiar era que todo el mundo siempre dijera la verdad. Christa no siempre decía la verdad. Empezó a pasar la noche con sus nuevas amigas. Ellas se escapaban y se quedaban fuera toda la noche. Una noche Christa conoció a un tipo en una fiesta y él le ofreció marihuana. Esa noche ella se drogó por primera vez. En poco tiempo ella estaba drogándose todos los fines de semana. Al final la policía allanó una fiesta en la que ella estaba. Cuando la policía los llamó para que fueran a la jefatura, sus padres descubrieron que ella había estado mintiéndoles. Estaban deshechos. Castigaron a Christa, le quitaron el auto y le explicaron que la amaban pero que ya no podían confiar en ella.

"Al principio yo estaba furiosa, pero luego entendí lo que había perdido. Mis padres siempre habían confiado en mí, especialmente mi papá. Siempre decía lo orgulloso que se sentía. Cuando era joven había estado en la cárcel, tuvo una infancia mala y estuvo involucrado con drogas, alcohol y delitos. En la cárcel conoció al Señor y decidió que su familia sería diferente. Siempre me ha amado y me ha dicho cuán orgulloso estaba de que yo no hubiera cometido los mismos errores". Las lágrimas del papá quebrantaron a Christa.

> *Si alguna vez yo hiciera algo que los dañara emocionalmente me sería muy difícil. Pero les contaría si cometiera un error grande. Quisiera que ellos supieran que me importan lo suficiente como para ser sincera con ellos.*
> *Teddi H., 13 años*

Esa noche Christa les pidió perdón a sus padres y ellos oraron con ella. Ella estaba realmente arrepentida de sus actos y estaba lista para aceptar las consecuencias. Cuando el castigo terminó, Christa estaba preparada para reivindicar la confianza de sus padres. Su padre le explicó que llevaría tiempo reconstruir su confianza. Sin embargo, le aseguró que sin dudas era posible y que trabajarían juntos para que así fuera.

> *Hazme saber cuando haya recuperado parte de esa confianza para saber que para ti lo que hice no es completa-*

mente malo y que ya no piensas que soy un mal muchacho.
Stan T., 15 años

Cuando los adolescentes dañan la confianza que usted tiene en ellos pero muestran un corazón arrepentido, cree una estrategia con pasos específicos y razonables para que ellos puedan saber lo que se espera de ellos exactamente. Cuénteles el plan para que ellos entiendan claramente que es posible volver a recuperar su confianza. A medida que tomen buenas decisiones recompénselos con comentarios positivos de ánimo y apoyo.

Yo hice algunas cosas bastante malas que con toda razón hicieron que ellos desconfiaran de mí pero creo que he recuperado la mayor parte de su confianza.
Ricky M., 16 años

Póngalo en práctica

¿Cuáles son las normas de su familia?

Trabaje con su adolescente para crear una lista de normas familiares. Aporten ideas. Conversen acerca de las consecuencias que serían adecuadas. Creen normas que sean adecuadas y razonables para su familia. No se estanquen en detalles sin importancia. Las normas de la familia no son para desanimar a los miembros de la familia ni para establecer estándares imposibles. Son para que cada miembro de la familia pueda opinar y comprenda las expectativas. A continuación están algunos ejemplos.

Norma	Consecuencia
Todos los miembros de la familia ayudarán con las tareas del hogar.	Tareas adicionales
Si un miembro de la familia va a llegar tarde, tiene que avisar por teléfono.	Pierde un privilegio
Siempre nos diremos la verdad.	Pérdida de privilegios.
Si alguien rompe o maltrata la propiedad de otro, tiene que reemplazarla.	Trabajar por dicho artículo o pagarlo

Nota: Hace poco vi un programa de televisión en el que la madre tenía una lista similar a esta en todas las paredes de la casa. Las listas eran prohibitivas y algunas de las consecuencias eran "tirar la ropa sucia en la hierba" y "poner pimienta bajo la lengua". Estas no eran normas familiares sino reglas interminables con castigos irrazonables. El propósito de las normas familiares no es el de frustrar sino más bien de ayudar a los familiares a trabajar juntos en pro de una serie de metas comunes. Las consecuencias **NUNCA** deben avergonzar ni alienar.

ORACIÓN POR SU HIJO ADOLESCENTE QUE TIENE DIFICULTADES

Señor, yo oro por ___________. Te pido que ablandes su corazón. Aunque ______________ tiene dificultades, ayúdame a amarlo/a y creer en él/ella así como tú has creído en mí.

Dame sabiduría para tratar con cada situación. Ayúdame a no ver las cosas en un plan personal cuando _____________ tome decisiones dañinas sino a ser coherente como su padre/madre en cuanto al amor y la disciplina. Cuando esté agotado/a ayúdame a volverme a ti para buscar fortaleza y paz. Cuando esté enojado/a, ayúdame a ver a mi hijo/a con tus ojos. Muéstrame las posibilidades que tú ves en ___________. Permite que cada día sea un nuevo día mientras yo perdono las ofensas de ayer y comienzo otra vez con esperanza nueva.

Padre, ayúdame a ver las posibilidades que ves en mí como padre/madre. Ayúdame a comprender que no estoy solo/a. Recuérdame que estás caminando conmigo a través de esto.

Te pido que _______________ vea tu amor dentro de mí. Ayúdame a ser como Jesús para él/ella, incluso cuando no tenga deseos. Gracias por tu amor por mí. Gracias por tu amor por mi hijo/a. Gracias porque has marcado un destino especial para ______________________________ . Confiaré en ti y caminaré en tus pasos hasta ver que tu plan se cumpla en la vida de _____________.

Capítulo Siete

Hogar, dulce hogar

No hay ningún lugar como el hogar. No hay lugar como el hogar. No hay lugar como el hogar.
—Dorothy, El mago de Oz

Pregunta: ¿Tu casa es un lugar seguro? ¿Por qué o por qué no?

Mi casa es un lugar seguro en el sentido físico porque no sufro abuso. Me dan comida y tengo cubiertas mis necesidades básicas. Pero, ¿un lugar seguro en el sentido de poder actuar y ser yo misma y ser sincera? En realidad no.
Janelle T., 15 años

El hogar es donde uno se quita los zapatos en la puerta. Es donde uno puede dejar todas las fachadas. Es el lugar donde uno puede ser uno mismo. El hogar es un refugio emocional, un refugio del estrés del trabajo, la escuela o la vida. Es donde moran las personas a quienes uno más ama. Aunque pudiera no tener los muebles más caros ni una cocina que saldría en una revista sobre mobiliario, es cómodo y es el territorio de uno.

Nuestra casa es una locura. Uno nunca sabe quién va a aparecer y pasar un rato. Somos cinco hijos y todos nuestros amigos pueden venir sin necesitar invitación. Nuestra casa es muy abierta para los chicos y me parece que es por eso que tantas personas se sienten cómodas al venir.
Rachel K., 18 años

La mejor parte de cualquier viaje es regresar a casa. En el ministerio yo viajo a menudo. Cuando llego a la entrada de mi casa y veo mis caballos corriendo por la pradera y mi perro parado junto a la cerca para saludarme, algo dentro de mí siente paz. Estoy en casa. Dentro de las cuatro paredes de ese modesto hogar están las personas a quienes más amo. El hogar es donde puedo sentarme en mi lugar favorito: un sillón reclinable donde me pongo mi frazada favorita alrededor de los hombros y leo un libro favorito. Es donde he forjado recuerdos con mi esposo y mis hijos. Para mí realmente es hogar dulce hogar.

Sin embargo, el hogar no siempre ha sido así para mí. Cuando yo era pequeña, el hogar era un lugar difícil. Yo detestaba los conflictos, y sin embargo, estaba rodeada de estos. Yo era una pacificadora de corazón y no estaba segura de cómo actuar ni qué decir para mejorar las cosas. A veces empeoraba las cosas cuando trataba de intervenir. El hogar definitivamente no era una lugar que yo quisiera compartir con mis amigos. Me sentía atrapada a veces porque era demasiado joven como para marcharme. Quería que las cosas fueran diferentes cuando fuera adulta y tuviera mi propia familia.

Oye, yo jamás seré como mis padres. Mi hogar será muy diferente. ¡En serio! Me tomaría un siglo contarte todo lo que quisiera que fuera diferente.
Mercy D., 13 años

El hogar de mi infancia no era malo siempre. Había momentos en que estar en casa era agradable. Mi papá se ríe como un personaje de dibujos animados y cada vez que reía a todos nos hacía gracia. Yo jugaba afuera con amigos del vecindario. Pescaba con mi papá y mis hermanos en el lago Keystone. El problema era que cuando el ambiente en mi casa era malo, era extremadamente malo. Mi hogar era inestable. Yo nunca sabía qué esperar.

La casa de Kathy, mi mejor amiga, se parecía mucho a la mía, así que yo suponía que todas las familias tenían la misma lucha. Cuando comencé a asistir a la iglesia conocí a un grupo de amigos completamente nuevo. Algunos de ellos me invitaban a pasar la noche y yo observaba la interacción de su familia como si estudiara una obra de arte. El lienzo de sus relaciones era asombroso. Muy dentro de mí yo anhelaba lo mismo. Por primera vez en mi vida me di cuenta que los hogares pueden ser muy diferentes unos de otros en cuanto a lo que sucede dentro de esas cuatro paredes.

> *Yo me escribí una carta a mí misma para cuando críe a un hijo recordar hacer las cosas que mi mamá no hizo.*
> *Lara M., 17 años*

No es justo, pero es la realidad. Algunos adolescentes tienen una ventaja mayor: padres que los aman, estabilidad, un hogar que es seguro en cuanto a adicciones o abuso, una madre y un padre cuyo matrimonio está intacto. Tienen la confianza de saber que hay personas muy cerca que creen en ellos y los apoyan. Esto no significa que tengan una vida perfecta o que no tengan dificultades, sino que tienen un lugar adonde ir. Estos adolescentes saben que no tienen que enfrentar el mundo solos.

Hace poco yo estaba dando clases un domingo por la mañana y pregunté si alguno de los alumnos tenía una petición de oración. Jenny alzó la mano. "Mi mamá se fue anoche. Estuvimos solos hasta que mi abuela pudo venir a recogernos. Quiero que oren para que mi mamá busque ayuda". Se me bajó el alma a los pies. Esta no era la primera vez que la mamá de Jenny se iba. Se podía palpar el silencio en la habitación. Para la mayoría de los adolescentes era inconcebible que una mamá abandonara a sus hijos. Las diferencias entre su mundo y el mundo de Jenny eran contundentes.

Jenny, con trece años, es una de las alumnas más jóvenes en mi clase de discipulado; sin embargo, ella está muy consciente de que las personas le pueden fallar. Ella comprende lo que es quedar abandonada. No tiene idea de lo que es tener una vida hogareña coherente. Si no tuviera una abuela amorosa, las probabilidades de que pudiera vivir su fe serían muy escasas. Según las estadísticas, estas chicas abandonadas son las que creen en los chicos cuando estos les dicen que las aman porque su necesidad de amor y aceptación es tan grande. Estas son las adolescentes a quienes les resulta difícil creer que Dios realmente las escucha. Es difícil para ellas comprender la noticia de que Dios es un padre que nunca las abandonará porque su concepto de una figura paterna es negativo o abstracto.

> *Mi abuela/tutora no decía nada, pero yo era un monstruo cuando ella y su esposo me recibieron en su casa. Eso la hacía llorar. Yo sentía mi corazón destrozado. Esto me ha hecho querer que mi vida y lo que soy sean lo mejor posible. Hasta los diez años mi hogar era muy inestable. Estaba rodeada de drogas, sexo, abuso y hambre. Desde entonces he tenido una vida hogareña muy buena. Y ese es el único lugar donde me siento verdaderamente segura. Mis nuevos padres me dicen que me quieren. En realidad nunca han peleado ni discutido delante de mí y son personas muy buenas.*
>
> *Jenell E., 16 años*

Los programas de los ministerio juveniles a menudo se enfocan en influencias como el sexo, el alcohol, los amigos y la música, con el objetivo de tocar la vida de los adolescentes. Estos asuntos son importantes, pero el hogar tiene mayor influencia que cualquier otro asunto cultural. El ambiente de cada hogar afecta la manera en que los adolescentes se relacionan con las personas; moldea su capacidad para resolver los problemas, y cultiva o maltrata la autoestima de los hijos. La importancia de la familia es la razón por la que ahora muchos ministerios juveniles se extienden a toda la familia y no sólo a los jóvenes. Los ministerios juveniles sólo afectan la vida de los adolescentes de dos a tres horas semanales. Si el ambiente hogareño está en crisis, entonces esa influencia puede perderse rápidamente mientras el adolescente lucha para mantenerse fuerte en circunstancias adversas.

Incluso en los hogares donde no hay problemas de abuso o adicción, los adolescentes quieren que su hogar sea de cierta forma porque el hogar es muy importante para ellos. En un mundo en el que las influencias externas atacan a los adolescentes, el hogar es su refugio. A continuación menciono cinco cosas que los adolescentes esperan encontrar en ese lugar seguro llamado hogar.

1 UN HOGAR QUE SEA ACOGEDOR

> *Mis padres siempre han sido hospitalarios. Yo realmente admiro su hospitalidad. Siempre están listos para recibir a*

las personas, ya sea por una noche o por un año. Ellos se esfuerzan por hacer que otros se sientan cómodos y lo hacen de una manera muy generosa. Me gustaría ser generosa y hospitalaria, incluso ahora que soy estudiante universitaria.
Lanae P. 19 años

¿Alguna vez ha entrado en una casa e inmediatamente se ha sentido bienvenido? El ambiente era cálido y acogedor. La anfitriona dio toques finales a la comida o al evento de la noche que hicieron que el tiempo que pasaron juntos fuera especial. La conversación fue agradable. Cuando usted se marchó esperaba poder regresar.

¿Alguna vez ha entrado en una casa en la que el anfitrión o la anfitriona estaban distraídos? Quizá tenía deseos de que la noche terminara. La comida fue buena pero la conversación estuvo forzada. ¿Alguna vez ha sentido que lo invitaron por compromiso?

¿Cuál es el ambiente de su casa? Los adolescentes viven en una sociedad donde no se brinda aceptación fácilmente. Es vital que los adolescentes se sientan bienvenidos en su propia casa y por su propia familia. A menudo las muchas ocupaciones son una excusa para hacer caso omiso de la hospitalidad en el hogar. Muchas familias tienen una larga lista de cosas que hacer. A menudo los padres se sienten estresados o abrumados. Lo que menos quieren hacer la mayoría de los padres agotados es dar de sí mismos a alguien más.

Mi familia es una familia amorosa y dedicada, y quiero que mis amigos conozcan a mis padres.
Jennifer L., 15 años

Para su adolescente, la hospitalidad no significa que usted complacerá cada uno de sus caprichos. No significa que le servirá comidas exquisitas. La hospitalidad puede experimentarse a través de una cena de perros calientes y en una familia donde se espera que haya reciprocidad entre los miembros. Se trata más de actitud que de acción. Hospitalidad es cuestión de dar a la familia una parte de usted que normalmente sólo está reservada para las visitas. Es dejar que su adolescente vea su sonrisa de bienvenida y sienta ese toque adicional que sólo usted puede dar.

¿Alguna vez ha observado desde lejos a su adolescente y se ha maravillado con su personalidad? El mismo adolescente sombrío, inexpresivo que hiberna en su habitación con los audífonos puestos para bloquear todo tipo de interacción innecesaria con la familia cobra vida cuando está con otros. Es ingenioso y divertido; su sonrisa ilumina la habitación. Usted se da cuenta por qué atrae a las personas y quisiera que compartiera con usted esa parte de su personalidad.

A veces su hijo adolescente ve lo mismo en usted. Le observa sonreír y reírse con otros o nota cómo usted se esfuerza para marcar la diferencia, pero luego esa hospitalidad desaparece en casa. Su familia es tan merecedora, o en realidad más merecedora, de la calidez, bondad y generosidad de su espíritu que los extraños, los vecinos o incluso los muchachos de su clase de la Escuela Dominical.

Hace varios años se había hecho tarde para la iglesia un domingo por la mañana. Yo estaba molesta. Demoró un siglo que todos subieran al auto y sólo tenía unos cinco minutos antes de que la clase comenzara. Mientras manejaba hice una lista de todas las infracciones de la mañana y expliqué que la próxima semana todo el mundo tenía que hacerlo mejor. Entramos rápidamente al estacionamiento y yo agarré mi Biblia. Mis hijos pequeños corrían detrás de mí mientras yo casi corría por el pasillo. Cuando vi a uno de mis alumnos, respiré profundo y sonreí cálidamente.

—¿Cómo estás? Me alegra verte. Ya llego. Diles a todos que se sienten y se acomoden. En cuanto deje a mis hijos en su clase, estoy con ustedes.

Le di un abrazo a mi alumna y seguí por el pasillo. Ryan, que tenía cinco años, me miró con sus enormes ojos color chocolate y traspasó mi alma con sus inocentes palabras:

—Me gustaría estar en tu clase de Escuela Dominical porque eres muy buena con ellos.

¡Uy!

> *En mi hogar me siento cien por cien segura porque cuando estoy triste, siempre me animan. Y cuando siento que necesito un abrazo o cariño, ahí lo tengo.*
>
> *Samuel B., 20 años*

Como maestra de Escuela Dominical mi meta era tocar las vidas de los adolescentes a través del amor. Me proponía dar a cada adolescente un abrazo y una sonrisa. Quería que ellos comprendieran que su presencia en mi vida, incluso en ese momento, era algo bueno. Pero las palabras de mi hijo fueron un recordatorio poderoso de que yo había dado mi amor y mi presencia a un adolescente y les había negado lo mismo a mis propios hijos esa mañana. Fui hipócrita al ponerme la máscara del domingo por la mañana cuando entré por las puertas de la iglesia. Esta es una de las razones por las que tantos adolescentes cristianos, especialmente aquellos cuyos padres están involucrados en algún tipo de ministerio, se desilusionan. La hospitalidad tiene que empezar en casa. Las palabras de mi hijo nunca se me olvidaron. Prometí que desde ese día en adelante haría las cosas mejor, incluso cuando estuviera bajo presión. En ocasiones he fallado, pero sigue siendo una de mis metas principales como madre. Quiero ser real pero quiero que mis adolescentes se sientan bienvenidos por mí. Quiero que me vean reírme. Oro para que ellos vean la persona que soy por dentro, aparte de mi lado de mamá.

Mi hogar es el mejor lugar del mundo.
Teddi H., 13 años

¿Es su hogar un lugar hospitalario para su hijo adolescente? ¿Sabe él que usted recibe con agrado su presencia? Esto pudiera ser difícil cuando su hijo está lejos de ser cordial. Si este es el caso, recuérdele a su adolescente sus expectativas en cuando a cómo tratar a los familiares pero hágalo dando el ejemplo. Muestre a su adolescente el verdadero significado de la hospitalidad.

Mi madre es tan agradable, generosa y amorosa, así que yo espero ser esas mismas cosas.
Sarah C., 19 años

2 UN HOGAR SIN CONFLICTOS CONTINUOS

Mi casa es un lugar seguro excepto cuando mis padres están enfadados el uno con el otro; en esos momentos, prefiero estar en cualquier otro lugar menos allí.
Bekah P., 18 años

Un hogar es un lugar donde el conflicto no domina. En cualquier hogar surgirán desacuerdos, pero un ambiente seguro es aquel en el que los miembros de la familia se esfuerzan por buscar respuestas a los problemas. La solución de los conflictos es una parte importante en el desarrollo y la madurez de su hijo adolescente. En el futuro él usará estas habilidades en cuanto a solucionar conflictos en sus relaciones, su profesión y su familia.

> *Mi hogar no es un lugar seguro. Siempre me preocupa que mi papá esté de mal humor o que yo no haya hecho lo que ellos me pidieron y que comiencen a gritarme. Mis padres por lo general pelean. Mi papá y yo tenemos nuestras diferencias que por lo general nos expresamos.*
> *Elizabeth B., 17 años*

¿Es su hogar un campo de batalla? ¿Están sus hijos obligados a escuchar discusiones que nunca se resuelven y conversaciones que se repiten? Cuando hay peleas entre los padres, los adolescentes pueden escuchar los argumentos pero no tener conocimiento de las disculpas o las soluciones. Cuando los hijos ven conflictos continuos sin solución, esto engendra inseguridad. Los padres son el fundamento del mundo de sus hijos adolescentes. Las peleas y las riñas sólo astillan ese cimiento.

> *Lo que mis padres pudieran hacer para impactar mi fe sería dejar de discutir y resolver sus diferencias de una manera más pacífica y como lo haría Cristo .El solo hecho de estar en un ambiente de ira y discusión es difícil, y hace que me enoje con Dios por no hacer algo para impedirlo, pero ahora comprendo mejor las cosas. Sólo quisiera que ellos dejaran de hacerlo.*
> *Sarah A., 15 años*

También hay familias en las que los problemas no se discuten aunque sean muy evidentes. Esto ocurre cuando un miembro está tomando decisiones dañinas o egoístas y toda la familia queda afectada. La tensión subyacente produce frustración en aquellos que son incapaces de cambiar la situación. La ilusión de la armonía familiar puede engañar al mundo, pero no engaña a nuestros adolescentes.

En muchas ocasiones hay discusiones porque mi madre quiere un esposo cristiano. Él dice que lo es y esto produce el caos. Es un ejemplo de por qué Cristo dijo que nos uniéramos sólo con otro creyente. Eso quita este aspecto de la tensión.
Vickie M., 21 años

Los adolescentes definen un hogar seguro como un ambiente calmado y amoroso. Muchos adolescentes dijeron que si pudieran cambiar algo sobre su vida hogareña, eliminarían los gritos y las discusiones insignificantes. Les gustaría que todos se esforzaran por resolver los problemas como familia.

Gritar no es la respuesta.
Annie T, 18 años

Una manera de resolver el conflicto es crear un grupo de valores en común. Si los padres esperan respeto, entonces cada miembro debe mostrar respeto en el tono de la voz y en las palabras que se dicen unos a otros. Si es inaceptable gritar o agredirse físicamente en una discusión (y siempre lo es), entonces establezcan la norma de que los conflictos nunca se resolverán en un momento de enojo. Todo el mundo debe estar de acuerdo en retirarse a un lugar neutral de la casa y reunirse en un par de horas para tratar el asunto cuando los ánimos se hayan calmado.

Me gusta la manera en que manejamos las peleas. Nos quedamos solos un rato y luego nos pedimos disculpas y seguimos adelante con nuestra vida.
Steve W., 15 años

La recompensa de tener valores familiares en común es que toda la familia se beneficia. Su hijo adolescente aprende el valor de trabajar en equipo para resolver los problemas. Aprende a solucionar el conflicto mediante la comunicación en lugar de los arrebatos. Toda la familia experimenta el beneficio de acercarse más entre sí en lugar de empujar a cada miembro a una esquina defensiva.

3 UN HOGAR ABIERTO A LOS AMIGOS

Pregunta: ¿Quieres que tu casa sea un lugar al que puedan venir tus amigos?

No me parece que pueda traer a mis amigos sin invitación o que puedan pasar por aquí si tienen un problema. Esto es algo acerca de lo cual he estado pensando y también estaba pensando en eso con relación a la iglesia y al grupo de jóvenes. Me parece que como sociedad, al menos con mis amigos adolescentes, parece que todo tiene que estar planificado, y escrito en el boletín; cada uno de nuestros días en toda la semana tiene que estar planificado. Ya nada puede ser espontáneo. Esto también pasa en mi casa.

Janelle T., 15 años

Los adolescentes forcejean y chocan con los muebles. Tienen un apetito voraz y siempre aparecen justo cuando se está sirviendo la cena. Los adolescentes anhelan un lugar en el cual simplemente puedan pasar el tiempo. ¿Está su casa en la lista de ellos? ¿Se sienten los amigos de su hijo adolescente lo suficientemente cómodos como para pasar o su hijo adolescente siempre está en casa de otra persona? No es fácil abrir su casa a extraños; sin embargo, todos menos uno de los adolescentes entrevistados dijeron que querían que su casa fuera un lugar donde sus amigos pudieran venir. Era algo acerca de lo cual no querían hacer concesiones. Estos adolescentes estaban dispuestos a recoger la antes y después de las visitas, y a cumplir con las reglas, para que esto ocurriera.

Nosotros tenemos una regla no escrita en nuestra casa que dice que nuestros hijos pueden traer los amigos para pasar la noche sin tener que pedir permiso. Lo implementamos cuando nos dimos cuenta de que nuestros adolescentes tenían una hora de regresar a casa más estricta que muchos de sus amigos. Algunos no tenían ninguna hora para llegar a casa, aun cuando estaban en la secundaria. Nosotros no queríamos cambiar la hora de llegada porque nos parecía que era razonable, pero sí queríamos darles a nuestros hijos una alternativa. Abrir nuestra casa les permitía seguir compartiendo con sus amigos. Sabíamos con quiénes estaban y dónde. Era una situación en la que todos salíamos ganando. Los adolescentes disfrutan tener un lugar donde puedan divertirse con sus amigos pero no son sólo los adolescentes quienes se benefician si ese lugar es su hogar.

¿POR QUÉ ES IMPORTANTE?

> *¡Eso me encanta de mi casa! Casi siempre está bien que uno de mis amigos venga. A veces mi mamá incluso me pregunta si quiero invitar gente para ver una película. Esta semana viene el grupo de jóvenes, ¡y fue idea de ella! Los padres de mis amigos son estrictos en cuanto a invitar amigos, así que por lo general todos nos reunimos en mi casa. Hay límites, pero no están escritos. Yo simplemente los conozco sin que mi mamá tenga que decir nada.*
>
> *Laura N., 15 años*

Abrir su casa a los amigos de su hijo adolescente es la manera número uno de combatir una influencia negativa de parte del grupo. Conozco a padres a quienes les preocupa que los amigos influyan en sus hijos; sin embargo, no conocen a los amigos de sus hijos a nivel personal. Los conocen vagamente, pero saben muy poco de su familia, sus ambiciones o cómo son como personas.

El abrir su casa le pasa el poder de la influencia de los compañeros a usted. Cuando los adolescentes están sentados en su sala y comen galletas en la mesa de su cocina, usted llega a conocerlos por su nombre. Tiene oportunidades de conversar con ellos y tal vez hasta llegar a considerarlos en poco tiempo como amigos de la familia.

> *Yo siempre le pregunto a mi mamá y ella casi siempre dice que sí. Así que realmente es sólo cuestión de considerar lo que ella piensa y si realmente quiere compañía. Sí, me gustaría mucho que mi casa fuera un lugar al que puedan venir mis amigos.*
>
> *Amber T., 15 años*

Usted marca la pauta para la noche mientras los adolescentes se divierten sin tomar decisiones negativas. No todos los amigos de su hijo serán cristianos. Muchos serán de los que andan buscando. Sólo porque uno de los amigos de su hijo asista a la iglesia no significa que esté llevando una vida de fe. Hay adolescentes en las iglesias de todo el país que asisten porque los obligan a hacerlo, porque el grupo de jóvenes es divertido o porque quieren conocer a cierta persona cristiana que es muy atractiva. Tener a los amigos de su adolescente en su casa les permite a ellos ver el cristianismo en acción. Ven a personas reales que no son perfectas pero que aman a Dios y se unos a otros. Lo ven a usted cuando se equivoca y cuando arregla las cosas. El cristianismo llega a un nivel que ellos pueden comprender. Es algo alcanzable. Vivir su fe no se limita al domingo por la mañana sino que está ensartado en todo lo que usted hace. Esto influye en cómo se tratan unos a otros y en lo que usted permite en su hogar. Lo mejor de todo es que anima a los amigos de sus hijos adolescentes a considerar la posibilidad de conocer a Dios.

Mi casa se convirtió en la casa a la que mis amigos iban cuando tenían problemas en su hogar.
Serina-Linn C., 16 años

Abrir su casa a los amigos de su adolescente pudiera parecer una regalo que usted les hace, pero sin dudas también es un regalo que usted se hace a sí mismo. Conocer a los amigos de su hijo adolescente a nivel personal le permite tocar su vida y por lo tanto ser parte del círculo de influencia de su hijo adolescente.

LÍMITES

Pregunta: ¿Estarías dispuesto a tener límites si tus amigos pudieran venir a tu casa?

Quiero que mi casa sea un lugar al que mis amigos puedan venir y estoy completamente dispuesta a tener límites.
Gemma M., 13 años

Cree pautas para cuando los amigos de su hijo vengan a la casa que tengan sentido con los horarios y preferencias de la familia. Haga que estas pautas sean razonables para que el invitar a los amigos sea una experiencia agradable para toda la familia. Si usted quiere que su adolescente y sus amigos se sienten muy tranquilamente y conversen, entonces es probable que escojan otro lugar para pasar el tiempo. Sin embargo, no es irrazonable pedir que mantengan el ruido a un nivel placentero. Emily, una amiga de mi hija, habla alto, pero también es muy chistosa y talentosa y su corazón está dedicado a Dios. Nos encanta tenerla en casa. Ella nos ha hecho reír más que ningún otro de los amigos de nuestros hijos, pero si es tarde y estamos tratando de dormir, hay veces que tenemos que recordarles gentilmente a nuestros hijos y a Emily que bajen un poco la voz.

¡Mi hogar es un lugar seguro y divertido!
Sarah H., 15 años

¿Cuáles son los recuerdos más gratos de su niñez? ¿Es el aroma agradable del limpiador con olor a pino en el suelo de la cocina o aquel closet inmaculado? Es muy probable que sus recuerdos más gratos no tengan nada que ver con una casa bien limpia, sino con personas, actividades o momentos espontáneos. Uno de los recuerdos favoritos de nuestra familia está relacionado con April, una amiga de Melissa. Ella era conocida por dejar su ropa en nuestra casa. De hecho parecía que poco a poco se estaba mudando, ya que dejaba un artículo a la vez hasta que todo su closet quedó almacenado en nuestra casa. Varias de sus camisetas blancas, todas demasiado grandes y con emblemas de equipos de baloncesto o de softball, se mezclaban con la ropa lavada de nuestra familia. Un día April pasó por la casa cuando estábamos desayunando. Era temprano por la mañana, y todos teníamos puestos camisetas y shorts. Ella se sentó, agarró un plato y luego nos miró por un instante. "¡Miren!", dijo señalándonos a todos con el dedo. Rompimos a reír cuando nos dimos cuenta de que cada uno de nosotros tenía puesta una camiseta de April. Dudo que nuestra casa estuviera muy limpia en ese momento, pero eso no empañó el recuerdo, ni muchos otros buenos recuerdos que involucran a los amigos de nuestros hijos y nuestra casa.

Mis amigos siempre vienen a mi casa. A todo el mundo le gusta venir a mi casa y piensan que mis padres son los mejores (creo que es porque no viven con ellos). Me gusta el hecho de que mis amigos siempre quieran venir. Hace que mi casa esté llena de energía y diversión. Mis padres sí ponen reglas como "tienen que limpiar y recoger cuando terminen" y "si van a llegar tarde, no hagan mucho ruido" pero eso es comprensible porque por lo general somos nueve a la vez.

Beth R., 17 años

Todos los adolescentes no tendrán el mismo sistema de valores que su familia. Puede ser que su familia permita cosas que usted no permite. Por ejemplo, nuestra familia no ve películas de cierta categoría, así que esta norma se aplica a las películas que nuestros adolescentes y sus amigos ven en nuestra casa. Nuestros adolescentes saben mantenerse dentro de las normas de la familia, incluso si otro adolescente no encuentra nada malo en ciertas películas. No hacemos un gran lío del asunto; es sólo una expectación sencilla. Si alguien trajera una película clasificada R a nuestra casa, nuestros hijos ofrecerían buscar otra película o escoger alguna de las muchas que tenemos disponibles en casa. Yo trato de buscar un video nuevo de vez en cuando para tener disponible una buena selección. De esta manera cuando surge el problema, no hay condenación, ni lío ni molestia. Sólo escogen otra película y se preparan para comer palomitas de maíz, bizcochos de chocolate y para divertirse.

Sí, yo quiero que mi casa sea un lugar adonde mis amigos puedan venir y estaría dispuesta a tener muchos límites con tal de que ellos vinieran.

Alicia V., 15 años

En cuanto a la comida, tenemos un armario separado con comida de merienda que está abierto para todos. Tenemos palomitas de maíz, galletas y otras golosinas. Las meriendas no tienen que ser sofisticadas. Los adolescentes agradecen las cajas baratas de dulces, aun cuando nosotros no lo hacemos. Cuando los adolescentes nos visitan por primera vez les mostramos el armario y les decimos que si tienen hambre, pueden tener la libertad de agarrar algo y merendar. Tenemos jugos y refrescos en el estante que está encima del refrigerador. Si un adolescente llega a la hora de la cena y tenemos comida suficiente, lo invitamos a comer con nosotros. Si no tenemos comida suficiente, le preparamos un sándwich o le damos algo de tomar.

Hágales saber a su adolescentes que usted quiere que su hogar sea abierto, pero exprésele los límites que se esperan. Explique que no pueden devorar la comida de una semana en una noche. Aclare que usted espera que su adolescente y sus amigos recojan cualquier reguero que quede. Si los amigos no ayudan, deje que su adolescente asuma la responsabilidad. Después de que recoja y limpie sólo unas cuantas veces, les pedirá a sus amigos que le den una mano.

Oh, mis amigos pasan por aquí todo el tiempo. A mis padres les encanta conocer a mis amigos. La otra noche tuvimos una pequeña fiesta y yo me pasé todo el día limpiando la casa para que mi papá y mi mamá me dejaran invitar a mis amigos. No fue nada porque valió la pena tener a mis amigos en casa.
Salena B., 18 años

4 UN HOGAR QUE NO SEA PERFECTO

No me gusta que mi mamá se estrese por tener la casa limpia porque ella exagera. Esto hace que sea difícil tener invitados. Cuando yo tenga hijos, no me pondré tan tensa con cosas como tener la casa limpia o que los carros luzcan bien. Me esforzará por formar una buena relación con ellos y no me preocuparé por cosas pequeñas.
Katie H., 15 años

Si usted quiere que la casa esté perfecta antes de que los amigos de su hijo adolescente lleguen, puede ser que nunca vayan a su casa. ¿Le puedo contar un secreto? La mayoría de los adolescentes ni siquiera se fijan si su casa está perfectamente limpia o no, pero sí notarán si un hogar es cálido y acogedor. Los amigos de nuestros hijos pueden ver ropa doblada en el sofá o algunos platos en el fregadero si llegan sin invitación, pero nunca ningún adolescente se ha negado a regresar porque vio nuestra ropa limpia.

Una casa perfecta es más un museo que un hogar. Es bella, pero es imposible sentirse completamente cómodo en ella. Una vez visité una casa y me quedé impresionada por la organización y la limpieza. El patio parecía un parque. La anfitriona me mostró con orgullo la casa y su exterior. ¡Incluso me mostró el cuarto de lavado y abrió las puertas de los armarios! En mi casa sólo los miembros de la familia y los amigos muy íntimos tienen acceso a los armarios. En esta casa, cuando yo ponía el vaso en la mesa, desaparecía instantáneamente. Los niños llegaban de la escuela, se quitaban los zapatos en la entrada e inmediatamente los recogían y los llevaban a su habitación. Me emocionaba ver que eso sucedía sin que se les pidiera a los niños. Yo casi todos los días chocaba con los zapatos número trece de Ryan y tenía que recordarle que los pusiera en su closet. Cuando había pasado una hora en aquella casa estaba lista para ofrecerme de alumna. Me inscribiría para cualquier curso que me enseñara a llevar una casa de manera tan eficiente. ¡Esta era la casa perfecta! Sin embargo, a medida que pasó el tiempo, me di cuenta de que la casa era más un grupo de reglas que un hogar. En cada pared de la casa había una lista de tareas muy bien escrita. Normas detalladas estipulaban la hora de las comidas, el tiempo de hablar por teléfono, las tareas, el lavado de la ropa y la tarea. Ningún detalle se pasaba por alto. No se podían poner los pies en la otomana porque podría ensuciarse la tela. Los alimentos estaban restringidos a las horas de comidas y sólo podían comerse en la mesa de la cocina. Había vegetales cortados en el refrigerador. Las demás meriendas estaban prohibidas. Cualquier embarro, mancha, o imperfección era tremendo problema e inmediatamente se remediaba. A los adolescentes hasta se les adiestraba para caminar con los pies separados cuando caminaban por el pasillo para evitar hacer un trillo en el medio de la alfombra. Muchas de las reglas tenían sentido (con excepción de la de la alfombra), pero la casa se controlaba de una manera tan minuciosa que la comodidad quedaba eliminada. Una casa con demasiadas reglas nunca parece una casa. Si la limpieza es una alta prioridad, establezca normas más estrictas para ciertas habitaciones y aflójelas en otras como la sala de estar. Permita que haya lugares donde se permita la imperfección. Si usted quiere que su adolescente coma de forma saludable, deje que él escoja alimentos nutritivos que le gusten. Se trata de hacer concesiones. Esto no es falta de control sino cooperación entre los miembros de la familia para hacer de una casa un hogar.

Yo entiendo que quieran que yo siga sus reglas, pero a veces sería más fácil si me soltaran un poco.

Katie H., 15 años

5 UN LUGAR DONDE JUEGUEN JUNTOS

Cuando eran pequeños, nuestros hijos nos abrazaban y nos suplicaban que pasáramos tiempo con ellos, que tomáramos té en tacitas pequeñas o que hiciéramos carreras de autos en miniatura por el piso de la cocina. Ahora nos tiran besos mientras salen por la puerta a pasar tiempo con sus amigos. Debido a horarios que coinciden y a la diversidad de intereses, muchas familias dejan de jugar juntas cuando sus hijos llegan a la adolescencia.

Jugar juntos como familia es una gran manera de estar en armonía con su hijo adolescente. Sin embargo, jugar juntos implica pasar tiempo juntos sin una agenda formal. Un dibujo animado que vi mostraba a un padre pescando con su hijo. Estaban solos en medio del lago cuando el padre se aclaró la garganta y dijo: "Hijo, en cuanto a aquella conversación sobre el sexo que nunca tuvimos…". El hijo alzó las manos y dijo: "¡Lo sabía!"

> *Mi mamá y yo conversamos casi todas las noches. Ella se queda despierta hasta tarde y espera que yo regrese a casa de clases y conversamos. Intercambiamos ideas. Mi papá separa noches para salir conmigo.*
> *Rebekah A., 20 años*

Es totalmente aceptable pasar tiempo con su adolescente simplemente porque quiera pasar tiempo con él. Aunque el caso de la pesquería era sólo un dibujo animado, me pregunto cómo se sintió el hijo. Se había levantado antes del amanecer, estaba sentado en un bote maloliente, poniendo gusanos resbalosos en un anzuelo, y todo porque pensó que su padre quería pasar tiempo con él. Supongo que en la vida real este adolescente se sentiría engañado. Hay ocasiones en las que usted pasará tiempo con su adolescente para hablar de asuntos específicos, pero la verdadera intimidad se desarrolla cuando usted separa tiempo para su adolescente sin ningún otro motivo que querer estar con él.

> *Mis padres tienen una relación íntima con Dios pero creo que yo la notaba más cuando ellos no estaban tan ocupados.*
> *Jessica M., 16 años*

Las familias que sólo trabajan juntas o que están tan ocupadas que sólo se ven de pasada se convierten en autónomas. Quizá compartan las cuatro paredes de una casa, pero las verdaderas paredes se desarrollan en las relaciones a medida que los miembros de la familia se alejan más unos de otros. ¿Hay algún momento que sea conveniente tanto para usted como para su adolescente? Anote ese día en su calendario y apártelo sólo para tiempo en familia. Jugar con una pelota en el patio con su adolescente quiere decir que usted ha sacado tiempo sólo para estar con él. Si quiere que sea una cita, pídale ideas a su hijo. Sea atrevido. Esté dispuesto a hacer concesiones. Tal vez usted lo invite a ir al teatro pero luego la próxima salida pudiera ser una tarde de karting (mi actividad favorita). Escalar montañas o explorar cuevas tal vez no sea divertido para usted, pero es un excelente ejercicio. Sólo piense en "muslos más delgados" y entienda que jugar juntos en familia pudiera beneficiarlo en más de una manera.

EL LAZOS QUE UNEN

La familia es lo único que siempre nos apoya.
Jennifer, 19 años

¿Cómo se convierte una casa en un hogar? Sucede cuando la palabra "familia" significa algo positivo. Cuando nuestros adolescentes eran más pequeños, los gemelos tuvieron una pelea verbal en la escuela. Se bajaron del autobús ofendidos y enojados uno con el otro. Los sentamos y tratamos de explicar que la familia era importante y que esperábamos que fueran leales uno al otro por encima de cualquier otra persona. Queríamos que se trataran mejor que a sus amigos. Con el tiempo afianzamos esa idea. Si los miembros de la familia tenían un desacuerdo, nos recordábamos unos a otros que "en la familia Eller nos tratamos con respeto incluso cuando no estemos de acuerdo el uno con el otro". Incluso si no se decía, de todos modos se entendía. Ahora que son mayores y están en la universidad comprendemos qué vínculo tan poderoso existe entre nuestros hijos y cuánto significa la familia para cada uno de nosotros.

El hogar no es un edificio. A veces las familias sólo entienden esto cuando pierden su casa en un incendio o en el algún otro tipo de fenómeno imprevisto. Son las personas dentro del edifico en llamas quienes llenan sus pensamientos. Nada más importa.

Póngalo en práctica

Nuestra familia

Interesado: adj. Que tiene interés en algo.

¿Está su hijo adolescente interesado en su familia? ¿Entiende lo que significa “familia”?

Estas son preguntas que usted y su adolescente pueden debatir para lograr una definición clara de lo que significa ser miembros de su familia. Comprender dónde él encaja y cómo funciona la familia le da a su adolescente un interés en la familia.

La familia ____________________

1. ¿Qué esperamos unos de otros?
2. ¿Hay algo que te molesta de las reglas de nuestro hogar?
3. ¿Qué puedes hacer *tú* para mejorarlo?
4. ¿Qué podemos hacer *nosotros* para mejorarlo?
5. ¿Nos beneficiará a todos?
6. ¿Qué podemos hacer juntos para mejorarlo?
7. ¿Cuál es el propósito de nuestra familia?
8. ¿Qué nos diferencia de otras familias?
9. ¿Cuáles son los aspectos positivos de nuestra familia?

CONSEJOS ÚTILES

1. Si no entiende algo, pídale a su hijo adolescente que lo aclare.
2. Exprese sus expectativas. Ser real con su hijo abre la puerta a la relación.
3. No tome sus sugerencias como una afrenta personal.
4. Hágale saber que usted lo está escuchando. Diga con otras palabras lo que él o ella está diciendo al reformular sus comentarios, como por ejemplo: "Entonces estás diciendo que te parece que no tienes opinión en cuanto a nuestras vacaciones y que te gustaría ayudar a planificar algunas actividades que también sean divertidas para ti". Volver a plantear lo dicho muestra a su adolescente que usted está escuchando, que usted comprende y que está tomando en serio lo que él o ella dice. También le da a su adolescente la oportunidad de aclarar cualquier malentendido.
5. No termine las oraciones de su hijo.
6. No lo contradiga mientras él está hablando. Espere a que haya terminado por completo antes de responder.
7. Comprenda que todas las expectativas pudieran no ser factibles. Esto no es una lista de deseos para una dulcería, sino más bien una oportunidad para considerar cada opinión, sacar las cosas a la luz para que se produzca la verdadera comunicación.

Capítulo ocho

¿Tienes un minuto?

Tu vecino es la persona que te necesita.
—Elbert Hubbard

Pregunta: ¿Preferirías un certificado de $200 dólares para ir de compras o un fin de semana con uno de tus padres o con ambos padres?

Como cualquier adolescente, yo escogería el certificado, pero ahora que lo pienso, la última vez que pasé un fin de semana completo con mis padres fue...NUNCA. Así que me gustaría pasar el fin de semana con ellos.
Diana C., 16 años

Sentarse en gradas de metal para ver a un hijo jugar baloncesto o ir a ver un drama en la escuela pudiera no parecerle divertido pero es muy importante para su hijo adolescente. La definición griega de la palabra tiempo es "honor". Una segunda definición es "el valor de una persona". Su presencia y tiempo honran a su hijo adolescente y le demuestran que usted lo valora como persona. Un adolescente que entrevisté se crió en un hogar disfuncional. Su padre biológico era alcohólico y lo maltrataba. Lo sacaron de la casa y posteriormente lo adoptaron. Durante los años de su adolescencia sus padres adoptivos cambiaron de parecer. Él vivió con amigos mientras terminaba la secundaria. Yo le pregunté: "Cuando seas padre, ¿qué harás de una manera diferente?" Él respondió que haría muchas cosas diferentes pero que si pudiera escoger una, sería apoyar a sus hijos. Mencionó las diversas maneras en que quería hacerlo. Ninguna tenía que ver con cosas materiales. Todas estaban centradas en pasar tiempo con sus futuros hijos. Para este chico de 18 años, el tiempo sin duda representaba honor y valor.

Yo escogería el fin de semana con mis padres porque el recuerdo duraría par siempre en lugar de las posesiones materiales que en un mes quedarían en la basura.
Kinsey P, 16 años

¡ESTA PREGUNTA ES DIFÍCIL!

Bueno, si yo fuera desinteresada, iría al viaje ¡pero no sé en este momento qué escogería! Aspiraría a ser generosa porque, al fin y al cabo, ser padre hace que uno sea generoso.
Anna A., 15 años

Recibí cientos de respuestas divertidas, introspectivas y a veces tristes cuando pedí a los adolescentes que decidieran entre un certificado de regalo y un fin de semana con uno de sus padres o con ambos. A muchos se les hacía difícil sopesar los beneficios de una salida de compras comparado con pasar tiempo con mamá y papá. Una adolescente votó por el certificado de regalo y luego mandó un correo electrónico al día siguiente que decía que había cambiado de opinión.

Al principio yo pensaba: "Ah, eso es fácil. ¡El dinero!" Pero cuando lo pensé, escogí el fin de semana. El dinero y las tiendas siempre existirán, pero mis padres no. Algún día los perderé y desearía haber escogido el fin de semana en lugar de un dinero impersonal.
Sarah A., 15 años

Algunos adolescentes se mostraban reacios a la idea de un fin de semana completo solos con sus padres, especialmente si no estaban llevándose bien. Expresaron tristeza, pero decidieron que un fin de semana completo produciría más dolor que placer.

> *Yo escogería el certificado de regalo, tristemente. Mi mamá puede ser tan deprimente a veces y sería realmente difícil pasar un fin de semana entero con ella.*
> *Sarah C., 19 años*

Los adolescentes cuyos padres tienen matrimonios tormentosos expresaron dudas de que un fin de semana con sus padres fuera a funcionar. La idea de pasar tiempo con padres que pudieran discutir o pelear hacía que el certificado de regalo fuera una opción atractiva.

> *Yo escogería el certificado de $200 dólares para ir a las tiendas, lamentablemente. Realmente no creo que una noche con ambos padres transcurriría tranquilamente.*
> *Serina-Linn C., 16 años*

Varios adolescentes sagaces trataron de negociar, buscando maneras de obtener ambas cosas, el certificado y el fin de semana. Un adolescente me aseguró que si recibía le certificado gastaría parte del mismo en su familia. Otro me prometió que daría una porción a una obra de caridad. Nichole por fin descubrió la solución perfecta:

> *Yo tomaría el certificado y luego ¡mi mamá y yo saldríamos una noche a pasear por la ciudad!*
> *Nichole H., 15 años*

Los adolescentes que pasan mucho tiempo con la familia dieron respuestas mezcladas. Algunos escogieron el certificado y dijeron que ya pasaban momentos especiales con sus padres y obtener un certificado además de eso sería una situación beneficiosa para todos. Otros, como Kim y Amy, fueron muy sinceros.

> *Un certificado de $200.00 porque yo tengo catorce años.*

Prefiero ir al centro comercial que pasar tiempo con mis padres.
Kim M., 14 años

Yo escogería un fin de semana con mi mamá porque mi papá por lo general se pone de mal humor durante las vacaciones.
Amy A.., 12 años

Casi el cien por ciento de los adolescentes cuyos padres estaban ausentes debido al trabajo o a otras responsabilidades optaron por el fin de semana. Tiempo con mamá y papá era un tesoro porque era algo poco común. Esos adolescentes deseaban lo que otros daban por sentado.

Yo probablemente escogería a mi mamá porque no siempre podemos pasar mucho tiempo juntas debido a su trabajo. Ella llega tarde a casa y por lo general yo tengo cosas que hacer. Ella está muy cansada....
Ashley B., 14 años

Para muchos de los jóvenes pasar tiempo con la familia era una prolongación natural de las relaciones estrechas que ya tenían con sus padres. La idea de un fin de semana era atractiva y varios de los adolescentes expresaron emoción antes la posibilidad de pasar tiempo de tú a tú con uno o ambos padres.

Yo escogería un fin de semana con mi mamá. Ella es una de mis mejores amigas y la amo con locura. Me encanta pasar tiempo con ella. Es más divertida que la mayoría de mis amigos. Tenemos muchas similitudes pero también diferencias suficientes como para que todo sea interesante.
Mika W., 17 años

Después de leer todas las encuestas y valorar las respuestas en los grupos de debate, llegué a la conclusión de que el tiempo es como un arroyo. Si el agua está corriendo y es clara, uno puede saciar su sed. Si necesita más, sabe dónde encontrarla y está confiado en que habrá abastecimiento suficiente. Si el arroyo empieza a menguar, uno busca la manera de almacenar el agua para tener suficiente durante la época de sequía. Si el arroyo se pone fangoso o se estanca, uno sólo toma agua de él si puede encontrar una manera de deshacerse de las impurezas. Si el arroyo se seca, su sed es abrumadora.

TIEMPO DE CALIDAD: ¿VERDAD O FICCIÓN?

Creo que honestamente escogería el fin de semana con mis padres. Realmente ahora no necesito nada y las probabilidades que tengo de pasar tiempo con ellos son cada vez más escasas. Yo disfrutaría del tiempo con ellos y trataría de averiguar todo lo que pudiera acerca de ellos en ese tiempo.
Jenny M., 19 años

El tiempo de calidad frente a la cantidad de tiempo fue un tema muy debatido cuando se introdujo hace unos años. Las familias ocupadas descubrieron que era imposible estar involucradas en la profesión, la familia, las actividades adicionales y los otros menesteres, todo a la misma vez. El tiempo de calidad parecía una respuesta válida. La teoría era que los padres pudieran compensar la falta de tiempo con sus hijos si estos recibían ráfagas cortas concentradas de atención especializada, tiempo de calidad.

La teoría del tiempo de calidad no carecía totalmente de méritos. Los niños de todas las edades aprecian el tiempo individual con sus padres. El tiempo de calidad animaba a los padres a dejar a un lado las distracciones y concentrar su atención en sus seres queridos. Sin embargo, el concepto de tiempo de calidad era, y sigue siendo, sintomático de una cultura controlada por los segunderos de nuestros relojes. Muchas familias sólo tienen minutos para darse una llamada mientras van de un lugar a otro. En todo el país los padres luchan por enfocar su atención en muchas cosas que exigen su tiempo. Esta cultura de "ocupación" ha producido un país de padres agotados que trabajan demasiado. Ha dado lugar a una generación de hijos cuya vida gira alrededor de un horario abarrotado. Ha generado adolescentes que luchan por mantener un contacto profundo y real con otros porque la vida consiste en una cita rápida tras otra.

Esa es una decisión difícil. A mí me encanta ir de compras, pero creo que tener un fin de semana a solas con mis padres o con uno de ellos sería ¡maravilloso! Creo que ayudaría

mucho con todo. Probablemente me sentiría más abierta a hablar con ellos de lo que está sucediendo en mi vida.
Amber T., 16 años

Las relaciones familiares fuertes no se forjan en citas de quince minutos. Se fomentan en momentos espontáneos. Las relaciones fuertes se establecen cuando las personas solucionan los problemas juntos. Eso sucede cuando se sientan a la mesa a comer y conversar acerca de su día.

El tiempo de calidad es una teoría bonita, pero los adolescentes dicen que lo cambiarían por cantidad sin pensarlo dos veces. De hecho, cuando indagué más, salir con mamá o papá sin ninguna agenda planificada era la manera en que los adolescentes definían un tiempo de calidad.

Yo creo que la descomposición del núcleo familiar y esta sociedad individualista hace que las personas se vuelvan más aisladas y más solitarias. Yo tengo que cuidar solo de mi casa, y estoy solo y no tengo comunicación. Preferiría el fin de semana con mis padres. A veces sólo quisiera que la atención de ellos estuviera en mí.
Travis R., 18 años

En nuestra sociedad muchos jóvenes reciben cada vez más independencia en un momento en que necesitan el mayor apoyo y dirección de parte de los adultos. Los adolescentes sienten que están solos mientras toman las decisiones que se les presentan según se acercan a la adultez. Corren un mayor riesgo de tomar decisiones muy equivocadas que repercutan en su vida, y anhelan el apoyo y la atención de sus padres. Los padres pueden decirles a sus hijos adolescentes que les importan en espacios de quince minutos, pero esto se demuestra cuando el tiempo con la familia es una prioridad. La teoría del tiempo de calidad sencillamente no es suficiente para una generación cuyo cimiento principal para el apoyo es el hogar.

Yo escogería un fin de semana con mi mamá por el solo hecho de que nosotros realmente nos llevamos bien y nos gusta conversar. Creo que sería realmente divertido salir juntos; además mi mamá definitivamente vale más para mí

que un certificado de $200 dólares.
Adam D., 18 años

¡LA FAMILIA ES MI PRIORIDAD!

¿Cuáles son las cosas más significativas en su vida y cómo las clasifica por orden de importancia? Muchas personas las ponen en este orden:

1) Dios
2) Cónyuge
3) Hijos
4) Trabajo
5) Ministerio
6) Salud
7) Diversión

Ahora, tome el inventario del mes pasado y clasifique sus prioridades según el porcentaje de tiempo que dedicó a cada una. El tiempo real dedicado a cada una revela nuestras verdaderas prioridades. Si yo digo que algo tiene mucha prioridad pero recibe un tiempo mínimo o inconstante, entonces en realidad no es una prioridad. Es una lista de deseos.

> *Mis padres no tienen defectos graves, pero sí trabajan mucho. Realmente nunca pasamos tiempo de calidad en familia. No estoy enojada. Sólo creo que eso explica por qué nos tratamos como lo hacemos. Hubo ocasiones en que yo me sentí herida, pero sabía que no podía ponerme brava porque ellos solos estaban tratando de mantener la familia.*
> *Jezel C., 16 años*

Con demasiada frecuencia los padres creen que amar a su familia significa proporcionarles cosas materiales. Sin embargo, los adolescentes con los que yo converso definen amor de una manera completamente diferente. ¿Les gustan las cosas lindas? ¡Claro que sí! Pero muchos adolescentes sienten que el precio que pagan por esas cosas es demasiado algo. Es complicado cuando nuestros adolescentes quieren ropa linda y autos buenos pero se quejan porque también quieren tiempo con la familia.

Cuando yo dejé mi trabajo para quedarme en casa para estar con mi familia, a mis jóvenes adolescentes les pareció algo bueno, hasta que faltaron los primeros salarios. Ahora teníamos un presupuesto más apretado, y cuando los niños pedían algo, teníamos que esperar hasta poder pagarlo. Zapatos deportivos caros, ropa para la escuela, útiles escolares, dinero para el campamento de jóvenes o para una gira del grupo de teatro, de repente todos estos se convirtieron en artículos de lujos. A veces los chicos tenían que dar la mano y ayudar a recaudar el dinero para cosas como viajes misioneros. Sencillamente no podíamos hacerlo todo con un solo salario. Poco después de yo haber dejado el trabajo, Melissa me preguntó si estaba segura de haber tomado la decisión correcta.

Para ser sincera, al principio yo no estaba segura. Realmente extrañaba mi sueldo. Extrañaba las felicitaciones. Sin embargo, había muchas cosas que no extrañaba, como tener que manejar lejos todos los días ¡y usar medias panty! Mi trabajo exigía mucho mentalmente. Hubo muchas ocasiones en las que me quedé hasta tarde en la oficina para terminar un proyecto. Cuando estaba en casa pensaba a menudo en la carga de trabajo para el día siguiente. Me encantaba mi trabajo, pero todas las noches llegaba a casa agotada. En muchas ocasiones llegaba corriendo a los juegos de pelota para ver a mis hijos jugar, sentada en un banco de metal con un traje y tacones. Todos los miércoles me quitaba la ropa de trabajo corriendo, la colgaba en un perchero, me ponía pantalones vaqueros y una camiseta y corría al grupo de jóvenes. Otras noches entraba a la casa y seguía trabajando, esforzándome el resto de la noche para lograr todas las cosas que tenían que hacerse.

A pesar de esto, quedarme en casa y vivir con un solo salario parecía un sacrificio, hasta que me di cuenta que mis adolescentes me necesitaban. ¿Quién lo iba a decir? Yo no, hasta que bajé el ritmo lo suficiente como para ver que estaban tomando decisiones cruciales en su vida y que me necesitaban tanto como cuando eran pequeños.

> *Tengo dinero, y ni siquiera es tan importante para mí, pero nunca me ha parecido que pueda relacionarme con mi padrastro y con mi mamá al mismo tiempo. Me encantaría si mi padrastro realmente se interesara en quién soy, qué me interesa, qué pienso, y qué quiero llegar a ser.*
>
> *Becca A., 15 años*

Ahora estoy trabajando de nuevo, pero ahora trabajo desde la casa. Esta sección no tiene que ver con ser un padre o madre que trabaje en la calle o no, sino de equilibrar el tiempo. El tiempo que invertí en mi carrera, debido a la distancia que tenía que viajar y las presiones asociadas con el trabajo, pusieron mi profesión como en una prioridad con la que yo no podía continuar. La realidad es que estaba haciendo tantos malabarismos para mantener tanto a la familia como al trabajo en primer lugar que estaba agotada y en ocasiones a penas estaba presente, aunque lo estuviera físicamente. Hoy mi carrera como escritora y oradora produce un ingreso menos constante que mi trabajo anterior, pero la satisfacción que siento como madre, esposa y ser humano descansado supera a todo sacrificio material.

Las profesiones son sólo un aspecto a considerar cuando se clasifican las prioridades. Nuestra sociedad les tiende muchas trampas a las familias. Es fácil quedar atrapado en una rueda de hámster de actividades, lecciones y servicio voluntario. No tenemos que hacerlo todo. No tenemos que dar a nuestros hijos todas las cosas materiales ni todas las oportunidades. Es permisible disminuir la marcha y disfrutar de los placeres sencillos de estar juntos, incluso si el resto del mundo está girando locamente a nuestro alrededor. El ministerio también puede estar desequilibrado. Esto sucede a nivel personal cuando el ministerio está primero que pasar tiempo con Dios. Es fácil estar tan ocupado haciendo cosas para Dios que la persona pierde de vista el porqué de lo que hace. Es peligroso cuando las necesidades de otros en el ministerio tienen más prioridad que la familia. Muchos adolescentes criados en hogares en los que los padres tienen deberes ministeriales abrumadores se desencantan con el cristianismo. El ministerio es servicio y sacrificio. El ministerio nos enseña a dar de nosotros mismos. Tiene poder para enseñar a su hijo a ser desinteresado y a tener un corazón de siervo. Pero si un padre o madre ministra al mundo y deja que sus hijos se las arreglen solos, hay que reestructurar las prioridades.

LADRONES DEL TIEMPO

Quisiera que mi papá pasara más tiempo de calidad conmigo y no se preocupara tanto por el trabajo. Quisiera que tuviéramos conversaciones más profundas sin que él estuviera viendo televisión mientras yo hablo.

Michelle H., 17 años

Los ladrones de tiempo son actividades triviales que nos roban un tiempo valioso. Algunos ladrones de tiempo son el Internet, los juegos de computadora, la televisión y el correo electrónico. No nos damos cuenta de cuán arraigado es un hábito hasta que tratamos de sacarlo de nuestra vida. Es fácil caer en un círculo de entretenimiento mecánico y perdernos un tiempo productivo con los miembros de la familia. En muchas ocasiones no tenemos "suficiente tiempo" para la familia cuando el verdadero problema es que dejamos que los ladrones de tiempo nos quiten momentos preciosos que no podemos recuperar. Dios tiene algo más para nosotros, no una lista legalista de cosas que hacer, sino una nueva manera de pensar. Las horas de cada día son oportunidades y cada momento es una posibilidad. Es evidente que Nathaniel Emmons, un pastor del siglo diecinueve, dijo la verdad cuando señaló: "Un hábito es o el mejor de los siervos o el peor de los maestros".

EL TIEMPO ESTÁ PASANDO

No hay ninguna garantía de que tendremos un mañana con nuestros adolescentes. En el mejor de los casos tenemos una cantidad de tiempo limitada con nuestros hijos. Al final, lo que formará los recuerdos de nuestros hijos, y los nuestros, será cómo pasamos nuestro tiempo, bien o mal. Ahora puede que no parezca importante, pero cuando ellos se vayan de casa por primera vez, o si se van antes de que sea el momento, cada recuerdo, cada momento especial de repente lo veremos desde una perspectiva completamente diferente.

Póngalo en práctica

Una oración oportuna

Examíname, Señor, y muéstrame si doy honor a cada momento de mi día. Si estoy atrapado en una trampa de ocupación, ayúdame a verlo claramente. Si necesito hacer cambios en mi familia, dame la sabiduría para escuchar tu voz y la fortaleza para obedecerla.

Ayúdame a honrar a mi adolescente al darle mi tiempo. Ayúdame a apoyar a mi hijo al darle mi presencia física y emocional. Ayúdame a dedicar mi tiempo a cosas que cuentan. Ayúdame a bajar la velocidad lo suficiente como para discernir cuáles son esas cosas. Te pido que me des descanso físico, emocional y espiritual al poner mi horario en tus manos y dejar que tú me muestres el camino.

TENGA PRIORIDADES REALES

¿Cuál es su lista de prioridades?

Examine honestamente la cantidad de tiempo que pasó en cada una. ¿Cuáles son sus verdaderas prioridades?

¿Qué pueden hacer como familia para ajustar sus horarios, su estilo de vida o sus metas para equilibrar sus prioridades?

Examine su semana. ¿Hay ladrones de tiempo o trampas que les roban a usted o a su familia?

Si es así, elimine o recorte alguno durante treinta días y sustitúyalo por una actividad saludable, divertida o beneficiosa que comparta con su familia o con un miembro de su familia.

Capítulo nueve

Lo que me enseñas acerca de Dios

La fe es como la electricidad. No puedes verla, pero puedes ver la luz.

—Anónimo

Pregunta: ¿Qué te han enseñado tus padres acerca de Dios?

Últimamente a ella no parece importarle mucho [Dios], así que yo no acudo a ella para que me enseñe o me instruya sobre Dios. Cuando le pregunta qué pasa, sólo dice que se cansó de las respuestas estereotipadas a todas sus preguntas. Quisiera que se aferrara a lo que me ha enseñado y que fuera mi líder espiritual.

Lara M., 17 años

La mayoría de lo que los padres enseñan a sus hijos adolescentes sobre Dios nunca vendrá de una Biblia, sino que más bien será modelado según sus acciones y respuestas a las situaciones de la vida. Asusta, ¿verdad? Nuestros adolescentes nos observan para tener el ejemplo de cómo vivir su fe. Produce un sentido de humildad en cualquier padre saber que está moldeando la manera en que sus hijos ven a Dios. Es una enorme responsabilidad. Es un privilegio. Es una de las responsabilidades que muchos padres pasan por alto.

Tal vez deban escuchar lo que dicen y seguir sus propios consejos.
Diana C., 16 años

No podemos dejar de entender la importancia del papel que Dios nos dio como padres. Se nos encarga el cultivar, amar, guiar y moldear la vida de nuestros hijos. Cuando nuestro trabajo termine, nuestros adolescentes quedarán libres para ir en pos de su destino como hijos de Dios. Puede que sea difícil para usted ver la marca de Dios en la vida de su hijo. Eso puede suceder cuando él o ella está viviendo lejos de Dios. También puede ocurrir simplemente porque es un joven.

Mi hijo se deleita en avergonzarme en público. Ha hecho cosas como fingir que se quedó trabado en una puerta giratoria mientras daba gritos pidiendo que lo ayudara. Eso no ocurrió cuando tenía siete años, ¡fue hace poco! Él y su mejor amigo, dos jóvenes apuestos y populares, estaban en el aeropuerto para recibirnos luego de un viaje. Era yo quien se reía y se alejaba rápido. ¡Siempre pensé que se suponía que los padres avergonzaran a los adolescentes y no al revés!

Es fácil que la personalidad o las dificultades de nuestros adolescentes nos distraigan y olvidemos que su nombre está grabado en la mano de Dios. Él tiene un plan para su vida y los ha marcado con un destino. ¿Cuál es la parte que le toca a un padre o madre en ese plan? ¿Qué enseña nuestra vida acerca de Dios a los adolescentes?

Amy me contó su historia. Su madre estaba luchando con cáncer y el valor y la fe de su mamá ante las probabilidades tan abrumadoras le enseñaron lecciones poderosas. Ella le mostró a Amy cómo ser fuerte ante la adversidad. Le enseñó a Amy a tener gozo, el gozo que sólo proviene de Dios. Aunque su madre comunicaba su fe de manera verbal a su hija, fueron su vida y la manera en que ella lidiaba con los obstáculos los que modelaron una fe verdadera.

Mi mamá tiene cáncer. Si sobreviviera, sería un milagro increíble para mí, pero yo veo el amor de Dios brillando a través de ella todos los días.
Amy A., 12 años

El apóstol Pablo dijo: "Lo que aprendisteis y recibisteis y oísteis y visteis en mí, esto haced" (Filipenses 4:9). Esa es una declaración atrevida, y algunos pudieran considerarla egocéntrica. A fin de cuentas, ¿no se supone que nosotros pasemos desapercibidos para que señalemos el camino a Cristo? ¿Acaso no somos todos seres humanos con defectos? ¿Nos corresponde ponernos a nosotros mismos como ejemplos?

Ellos me enseñaron a confiar en Dios y a vivir para Él a diario. No eran falsos. Me mostraron lo que significaba tener una relación con Jesucristo.
Erin E., 19 años

Su vida pudiera ser el único ejemplo que comprende su hijo adolescente. Para el adolescente que ya conoce a Dios, su vida le muestra cómo dar el próximo paso. Los sermones no significan nada a menos que estén respaldados por un ejemplo auténtico de fe. Yo he ministrado a cientos de adolescentes que se han alejado de la iglesia y que son hostiles a la fe cristiana porque su familia modeló tradición, reglas o legalismo, todo menos una relación genuina con Dios.

Mi padre nunca habla de Dios y eso me molesta porque yo sé que él es cristiano. Yo necesito eso de él. Mi mamá sabe mucho de la Biblia, pero mi papá no. O al menos no comparte lo que sabe.
Annie T., 18 años

Lo bueno es que no tenemos que ser perfectos. Sólo tenemos que ser reales. Nuestros hijos nos verán cometer errores. Serán testigos de las ocasiones en que nos sentimos frustrados, tristes o enojados, pero la manera en que reaccionemos en esas ocasiones dirá mucho. Las acciones son los verdaderos sermones. Las acciones se quedan en la mente y en el corazón de nuestros adolescentes. Cuando nosotros decidimos ponernos como ejemplos delante de nuestros hijos, los invitamos a ver una obra en construcción. Les permitimos ver a Dios ministrar a través de vasos defectuosos.

> *Yo creo que los adolescentes necesitan tres cosas de sus padres. En primer lugar, necesitan que se les muestre tanto amor que los avergüence. En segundo lugar, necesitan que se les muestre el camino por el que deben andar. Se les debe enseñar que la Biblia juzga este camino. En tercer lugar, deben saber que sus padres están postrados delante de Dios, orando para que Él los ayude a mantenerse en el camino porque si están en ese camino, están dentro de la voluntad de Dios y todo marchará bien.*
> *Ginger L., 19 años*

En un Día de las Madres no hace mucho había una serie de regalos en la mesa de nuestra cocina. Me encantó el hecho que mis hijos escogieran regalos que ellos esperaban que me iban a gustar mucho, pero fue la tarjeta de Leslie la que me llenó de alegría. Cuando la leí, los ojos se me llenaron de lágrimas. "Tú has sido mi ejemplo", decía. "Yo veo en ti lo que quiero para mi propia vida". Ella pudiera haberme dado un millón de dólares y no hubiera significado tanto para mí como aquellas palabras.

Mire, eso es lo que yo siempre quise. Yo crecí sin un ejemplo y mis esperanzas estaban puestas en que mis hijos pudieran ver a Dios en mí y así acercarse a Él. Me preguntaba si eso realmente era posible porque hubo ocasiones en que yo distaba mucho de ser perfecta. Ahora comprendo que una madre o padre perfectos sólo hubiera servido para demorar el progreso espiritual en la vida de mis hijos. Ellos vieron a dos seres humanos, con defectos, cuyo corazón deseaba amar y servir a Dios y el uno al otro. Escucharon las disculpas cuando nos equivocamos. Fueron objeto de lágrimas cuando confesamos que no teníamos idea de qué hacer, pero que lo descubriríamos con Dios y juntos.

Nuestros hijos formaron su visión de Dios al observar a sus padres. Eso produce temor y a la vez nos da una lección de humildad. Cuando como padres nos percatamos de la magnitud de nuestro papel en el desarrollo espiritual de nuestros hijos, eso nos obliga a examinar qué tipo de ejemplos hemos visto y qué ejemplos seremos mañana.

Pregunta: ¿Qué hacen tus padres que te aleja de Dios?

Ellos no toman a Dios en serio y dejan que el mundo afecte su fe. No siempre practican lo que predican. Yo quiero tener un ejemplo maravilloso y lleno de fe de parte de ellos. Algo que ellos me enseñaron sin palabras fue que Dios es sólo ir a la iglesia y conocer amigos, algo así como una reunión social. También que la salvación se obtiene por hacer buenas obras.

Sarah C., 19 años

Los padres tienen el poder de acercar sus hijos a Dios o de alejarlos de Él. Predicar con el ejemplo es el primer paso para llevar a los adolescentes a una relación más profunda con Dios. Examinar ese ejemplo es el próximo paso. Los adolescentes me comunicaron seis errores que un padre puede cometer al tratar de enseñarles acerca de Dios.

1: TODO ES UN ASUNTO RELIGIOSO

Yo quisiera que a veces ellos suavizaran un poco las cosas. Mi mamá a menudo dice que oremos por cosas como un zapato perdido. Aunque yo sé que Dios pudiera ayudarme a encontrar el zapato, ese no es el tipo de ayuda que estoy buscando.

Becky S., 18 años

Una adolescente estaba preparando la cena con su madre. Mientras quitaba de la hornilla la cazuela de macarrones con queso, se dio cuenta de que algo no estaba bien. El queso se había quedado pegado al fondo de la cazuela. Encima de aquel embarro pegajoso nadaban los macarrones suaves y quemados.

—¿Qué fue lo que hiciste? —le preguntó la mamá. Agarró la receta y le leyó las instrucciones en voz alta a su hija.

La chica hizo una mueca.

—¿Leche? Yo pensaba que le echabas agua. Eso es lo que uso en los que son instantáneos. —La madre tiró el libro de recetas sobre el mostrador.—Creí que eras cristiana. Si lo fueras, hubieras seguido las instrucciones. ¿No es eso lo que dice la Biblia?

Eh....no. No, no lo dice.

La fe es cuestión de obediencia. No tiene nada que ver con macarrones con queso. Esta adolescente estaba lista para recibir una lección sobre cómo leer una receta. Esa es una habilidad para la vida que no tiene nada que ver con religión. Si un padre o madre utiliza las Escrituras o la fe para hacer de todo un asunto religioso, eso apaga al adolescente. De hecho, más bien apaga a cualquiera.

Yo he conocido adultos que tuercen todos los asuntos, un asunto de actualidad o un debate para que se conviertan en una lección sobre la vida cristiana o en un sermón. Me encanta hablar sobre las cosas de Dios pero cuando el evangelio se utiliza para debatir, humillar o irritar, enseñamos que Dios está allá arriba como un "Dios boomerang". Haces algo mal y Él se teletransporta por las nubes para darte un martillazo ¡y luego desaparece! Esta es una imagen distorsionada de Dios que enseña a nuestros adolescentes que Dios es mezquino y vengativo y que está obsesionado con cada detalle mínimo de nuestra vida.

> *Mis padres expresan su fe al predicarme por cada comentario que yo hago, aunque sea pequeño, pero no me han enseñado mucho sobre Dios.*
> *Eleanor T., 16 años*

Cuando usamos las Escrituras para avergonzar a los adolescentes les enseñamos que el cristianismo tiene que ver con la ropa, los cortes de cabello o los baños limpios. Puede que estos adolescentes no comprendan que la obediencia es un problema del corazón. He escuchado a adolescentes mencionar una larga lista de cosas que hacen bien para explicar la profundidad de su fe. Leen la Biblia, no dicen malas palabras, no beben alcohol, no se asocian con no creyentes, no escuchan música secular. Todas esas son cosas buenas, pero cuando los desafío a llevarlo a un nivel más profundo y les pregunto por qué hacen esas cosas, la respuesta por lo general tiene muy poco que ver con ir tras el corazón de Dios y sí tiene mucho que ver con el tener una apariencia de "cristiano".

El problema más profundo de esta mentalidad es que su fe tiene que ver más con ellos mismos y sus buenas obras que con Cristo. Si no escuchan algo de parte de Dios cuando les parece que debieran, exhiben su lista delante de Dios y le preguntan por qué no les respondió. Esto es justicia propia y una conducta aprendida. Nuestra función es eliminar esa fachada y enseñar a nuestros adolescentes a tomar las decisiones todos los días sólo porque aman a Dios y quieren estar dentro de su voluntad. Nuestros adolescentes necesitan comprender quién es Dios y que a Él no le interesan nuestras obras sino nuestra vida y nuestro amor.

Un padre es responsable de usar las Escrituras para impactar el corazón de sus hijos en lugar de usarlas como un martillo. Podemos mencionar las Escrituras para dirigirlos a Dios. Podemos sentarnos con ellos y enseñarles a estudiar la Biblia y dejar que Dios les enseñe cómo vivir. Cuando su fe se vuelve personal, los adolescentes cambian de adentro hacia fuera, en lugar de afuera hacia adentro. Muchos adolescentes no comprenden el mensaje de la gracia y la misericordia. Se preguntan: "Si Dios se enoja por algo como el que yo no sepa seguir las instrucciones para hacer macarrones con queso, ¿qué hará si cometo un error grave en la vida? ¿Para qué intentarlo siquiera?"

2: NO LO LLEVAN A UN NIVEL SUPERIOR

En realidad sólo me enseñaron lo básico. Nunca profundizaron sobre la Biblia ni nada por el estilo. Quisiera que tomaran más en serio la religión para que me dieran un mejor ejemplo.
Samantha W., 19 años

Yo no me crié en la iglesia y de cierto modo eso me da una ventaja sobre mis propios hijos. Cuando yo me encontré con Dios, Él transformó mi mundo. Yo no creía que Él existía, y cuando descubrí que era real y que me amaba, eso me cambió para siempre.

Ellos me enseñaron lo elemental, ir a la iglesia.
Troy M., 18 años

Mis hijos estaban en el banco de la iglesia a los tres días de nacidos. Hemos asistido a la misma iglesia durante más de veintitrés años. Ellos han escuchado 10,000 sermones. Han escuchado todas las historias de la Biblia. Es fácil dar su fe por sentado cuando es algo familiar.

Mis padres me enseñaron todo acerca de Dios, pero tal vez sea por eso que yo tengo problemas con Dios. Todo es tan conocido y nada parece nuevo. Yo sé que crecer en un ambiente cristiano no es algo que debe darse por sentado, pero por ello me es más difícil vivir una vida de fe.
Karianne P., 17 años

Los padres cometen un error cuando piensan que los jóvenes desarrollarán una relación íntima con Dios sólo porque asisten a la iglesia. De hecho es más difícil en cierto sentido porque tienen que discernir qué es personal y qué es aprendido. Cuando yo vine a Cristo mi relación personal se formó en ese momento. Mis hijos han tenido que construir sus propios altares. El cristianismo ha sido una parte de su vida familiar desde el comienzo. Ellos tuvieron que discernir cuáles eran exactamente sus creencias, independientemente de la tradición y de los valores familiares. Llega un momento en la vida de todo chico que asiste a la iglesia en que tiene que separarse de estas cosas y servir a Dios en una relación de tú a tú. Muchos adolescentes no lo hacen y descubren más adelante en su vida que el altar familiar no es suficiente para sostenerlos en las situaciones o decisiones difíciles de la vida. La tradición era suficiente en el seno de la familia, pero se deshizo cuando no supieron cómo vivir para Dios estando solos.

No puedo recordar no saber de Dios. Es fácil distinguir lo que mis padres me han enseñado y lo que me ha enseñado mi iglesia. Supongo que el ver cómo mis padres se levantan temprano y leen su Biblia cada mañana me ha enseñado mucho sobre la fidelidad.
Beth R., 17 años

Los padres pueden llevar la fe a un nivel superior al hablar sobre Dios en el hogar. Hable de lo que Dios significa para usted. Converse sobre la fe en términos reales. ¿Qué dice la Biblia sobre los momentos de descontento? ¿En quién podemos confiar cuando hay conflictos en nuestro mundo? A veces su hijo adolescente tendrá preguntas difíciles. Usted no tiene que tener todas las respuestas, pero puede ver cómo Dios obra en medio de ese problema o situación.

> *Ellos me enseñaron que Él es maravilloso, que ninguna cosa o persona se compara con Él. Él es perdonador y eso es lo único que necesito hacer [pedir perdón] cuando he pecado. Él cambia la gente para sí. Él envía su Espíritu para que nos ayude en nuestra vida. Él es amor, y mediante su hijo, Jesús, podemos tener vida eterna. ¡Hay mucho más! Acerca de la Biblia y muchas otras cosas, pero no puedo escribirlo todo.*
> *Sarah A., 15 años*

Usted puede hablar de las Escrituras, recordarles que las pongan en el contexto adecuado o hablar de cómo Cristo modeló la fe en situaciones similares. Esto pudiera parecer amedrentador para algunos padres porque los adolescentes pueden tener puntos de vista muy diferentes, pero eso es parte del proceso espiritual. Ellos están en un proceso de forjar su propia relación con Dios.

> *Mi papá es un maestro de estudios bíblicos en una universidad y realmente es divertido hablar con él sobre cosas como la evolución.*
> *Kyle G., 14 años*

Los debates le ofrecen la oportunidad de examinar la Biblia junto con su adolescente para ver lo que Dios dice sobre el tema. No es una oportunidad de predicar (vea el Error #1), sino una oportunidad para conversar acerca de Dios con otros creyentes o con gente que está buscando a Dios. Presente la información, entonces deje que su adolescente la comprenda y la aplique. No tenga temor de hablar sobre su fe en un plano más allá de "¿Cómo te fue hoy en la Escuela Dominical?"

> *Ellos me han enseñado historias y canciones de la Escuela Dominical, pero no creo que hayamos ido más allá de eso. Ellos no me preguntan qué pasó en el grupo [de jóvenes], lo cual realmente me gustaría, ya que allí me han*

pasado algunas cosas extraordinarias. Nunca les ha contado porque nunca me han preguntado.
Grace B., 13 años

3: HIPOCRESÍA

Tendría un impacto en mi fe si ellos vivieran su fe de una manera intachable. Que no hubiera un rastro de hipocresía o autocomplacencia en su vida.
Keith J., 21 años

La hipocresía destruye la fe en ciernes de nuestros adolescentes. Les dice que la fe sólo cumple un objetivo social o que es un apoyo conveniente. Ellos oyen esto de parte de sus amigos no creyentes y el ejemplo hipócrita de un padre se los confirma. La hipocresía fomenta la creencia de que el cristianismo es simplemente otro sistema de creencia entre muchos otros. Una vida sin poder, que carece de una relación con Dios no sólo no es atractiva sino que repugna; sin embargo, los padres a veces se preguntan por qué los adolescentes se alejan del cristianismo.

La fe verdadera impulsa a su adolescente a experimentar intimidad con Dios. Produce el deseo de dejar a un lado los intereses personales y tomar la cruz. Es vital que los padres comprendan que el cristianismo no es una opción fácil para los adolescentes. ¿Qué ve en usted su adolescente que le ayudará a tomar esa decisión?

Lo básico de la iglesia: que Él [Dios] es el camino correcto. Dicen que tienen una relación íntima con Dios, pero a veces me pregunto si están diciendo la verdad o no.
Pete D., 18 años

La máscara de la hipocresía es un mensaje claro de que la fe realmente no es importante. Los padres que viven una vida hipócrita crean piedras de tropiezo para el andar espiritual de sus hijos adolescentes. Los adolescentes están buscando alguien que demuestre el poder de un Salvador viviente. Están buscando a aquellos que vivan su fe de una manera auténtica. Están tan inundados por los mensajes de "espiritualidad" que el cristianismo sólo sobresale cuando se demuestra en la vida de un creyente comprometido.

Los padres pueden tener un impacto en la fe de sus adolescentes si viven en la fe cada día. Practiquen confiar en Dios y animen a sus hijos a hacer lo mismo.
Michelle A., 19 años

La hipocresía es tratar de ser un hombre o mujer de fe y al mismo tiempo llevar un estilo de vida no comprometido o pecaminoso. Es imponer leyes para unos sí y para otros no. Existen muchas maneras de hacerlo, pero vamos a simplificarlo. Es cuestión de esperar algo de su hijo adolescente y otra cosa diferente de usted mismo. Tanto los padres como los hijos deben seguir los principios bíblicos. Si una película no es aceptable para los adolescentes porque tiene escenas de sexo explícitas, entonces tampoco es adecuada para los padres. Las normas no tienen nada que ver con la edad, sino con el principio subyacente. Pregúntese, ¿ver esta película con imágenes sexuales explícitas honra a Dios y mi relación con Él? Si la respuesta es no, entonces la regla se aplica tanto al adolescente como al padre o la madre.

Lo único que mis padres pudieran hacer sería dar el ejemplo.
Troy M., 18 años

4: NO APOYAR LAS ACTIVIDADES JUVENILES

Estoy creciendo a pasos agigantados en mi grupo de jóvenes. Hace sólo dos años, yo era muy penosa y tímida en todo lo que hacía. Ahora puedo hablar fácilmente con la gente y estoy haciendo amigos. Constantemente me veo desafiada a amar a Dios más apasionadamente, a buscarlo de todo corazón, a vivir de una manera más limpia y a ministrar más que nunca antes a los que me rodean.
Amanda B., 18 años

Hace unos años una adolescente se paró afuera de la iglesia. Había estado ausente durante varias semanas y no respondía a las llamadas telefónicas. Estaba oscuro y yo no podía verla muy bien. Me acerqué a ella para saludarla. Me quedé consternada cuando me di cuenta de que estaba embarazada. Ella me rodeó con sus brazos y me dio un abrazo. Ella no lo vio en la oscuridad pero una lágrima rodó por mi mejilla. ¡Detesto perder las batallas con nuestros adolescentes! Nos quedamos allí durante unos minutos y conversamos un poco más. "¿Entonces qué vas a hacer?", le pregunté. Ella habló un poco del bebé y quedó claro que no tenía idea de lo que le esperaba.

Más tarde esa noche me senté en la sala de mi casa con el corazón apesadumbrado por nuestra conversación. Recordé estar parada frente a la puerta de entrada de los jóvenes en mi iglesia, unos meses antes, luego de un servicio extraordinario. El pastor de jóvenes estaba a punto de hacer el llamado al altar y se veía que varios jóvenes habían sido tocados. Había un puñado de adolescentes en el grupo de jóvenes que no estaban viviendo como creyentes. Venían a la iglesia porque tenían que hacerlo y se sentaban en la última fila. Ella era una de ellos. Se sentó con la cabeza en sus manos y yo podía ver que el Espíritu Santo estaba tocando su corazón. Sus padres estaban afuera de las puertas principales del salón de los jóvenes, impacientes porque el servicio estaba atrasado. Preguntaron si yo podía entrar a buscarla. Miré hacia atrás por la puerta, sabía que sólo faltaban unos minutos. Les pregunté si podían esperar sólo un instante para no interrumpir a ninguno de los adolescentes. Esperaba que la chica respondiera al llamado. Oraba para que los padres esperaran unos minutos más y fueran sensibles a lo que Dios estaba tratando de hacer, pero no sucedió. El padre se abrió paso delante de mí para sacar a la chica y a sus hermanos. Me pregunto qué perdió ella esa noche. ¿Qué esperaba hacer Dios en su vida? ¿Habría dirigido Él su vida por un camino diferente? ¿Habría sentido la presencia de Dios? No lo sabemos, porque esa oportunidad se la quitaron. El momento era inapropiado. El servicio estaba más atrasado de lo usual, pero lo que Dios estaba haciendo era muy importante.

> *No he aprendido nada sobre Dios de mis padres excepto que Él existe.*
> *Meredith G., 18 años*

¿Parezco frustrada? Esta es probablemente la lucha mayor que tengo como alguien que trabaja con los jóvenes, y no estoy sola. El apoyo de la familia es algo que se trata entre los que trabajan con jóvenes en todas las iglesias. Es fundamental que un adolescente tenga apoyo en sus actividades espirituales. Los pastores de jóvenes y el personal que trabaja con ellos sólo tienen un par de horas los miércoles por la noche y los domingos por la mañana para enseñar y animar a los alumnos. Sabemos que ellos serán bombardeados con decisiones de la vida real durante toda la semana y queremos trabajar como equipo con los padres para impactar la vida de sus hijos.

Mis padres me permitieron ir a un viaje al extranjero. Eso cambió toda mi perspectiva sobre las cosas en el mundo.
Kim R., 19 años

Cada evento de jóvenes, cada viaje misionero, cada gira del grupo de teatro, cada vez que los adolescentes se reúnen con otros adolescentes y con otros adultos que aman a Dios, existe una posibilidad de que salgan con su fe fortalecida. Si los adolescentes todavía están buscando de Dios, tienen la oportunidad de sentir la presencia de Dios y de responder. Como oradora he visto, sin poder hacer nada, a los padres sacar a los hijos del culto en el momento del llamado, porque ya estaban listos para volver a casa. Cuando veo esto, me da deseos de llevar a los padres a dar una gira por el mundo en el que viven sus hijos y preguntarles si se dan cuenta de cuánto sus hijos necesitan la presencia de Dios. Los padres se sientan en fríos bancos de metal para dar ánimo a un equipo de baloncesto hasta las 10:00 p.m. una noche de entre semana. Se envuelven en frazadas cuando está lloviendo para ver a sus hijos jugar fútbol. Sin embargo, no comprenden que sus hijos también necesitan apoyo en los eventos juveniles de la iglesia. Si usted lleva a su hijo a un evento de jóvenes o si se le pide que dé un dólar más para una actividad de jóvenes, oro para que lo haga con un corazón alegre porque está invirtiendo en la vida espiritual de su hijo adolescente.

Yo siempre asisto a la iglesia, y es algo que estoy empezando a apreciar.
Janelle T., 15 años

He llamado a jóvenes que faltaron a una actividad en la iglesia y he descubierto que estaban castigados con no ir a una actividad de jóvenes. Castigar a su hijo con no ir a las actividades de la iglesia les dice que la iglesia sólo es una entre muchas actividades, pero es la que su hijo más necesita si está tomando malas decisiones. Castíguelo con no ver televisión, no usar su teléfono o su computadora, pero no le niegue la posibilidad de una experiencia que pudiera cambiar su vida. Durante quince años de trabajo con los adolescentes he observado que aquellos adolescentes que más apoyo necesitan son quienes menos lo reciben. Cuando los padres hacen el esfuerzo de ayudar a sus adolescentes para que sean parte de las actividades juveniles de una iglesia, de los campamentos y de los viajes misioneros, crean oportunidades para que sus adolescentes se relacionen con Dios y lleven su fe y su ministerio a u nivel más profundo.

> *Si yo pudiera decirles una cosa a mis padres sería que me apoyaranmásconlasactividadesquehagodentrodelaiglesia.*
> *Rebekah A., 20 años*

Un concepto de ministerio en el evangelismo juvenil es que los adolescentes deben pertenecer antes de creer. Tienen que sentirse parte de la iglesia o del grupo juvenil. Al apoyar a su adolescente en el grupo juvenil, las actividades juveniles y los eventos adicionales, él se siente parte. Pertenece.

> *Creo que lo que ha tenido mayor impacto en mi andar espiritual son los viajes misioneros. He ido a dos viajes misioneros de un mes con Teen Missions International, algo que te hace salir de lo acostumbrado durante un largo tiempo. Cuando regresas te hace pensar mucho más en tu caminar con Cristo. Sí, mi grupo de jóvenes ayuda, pero son los viajes misioneros los que me han hecho querer interesarme. Creo que querer interesarse en tu caminar te hace crecer.*
> *Stan T., 16 años*

¿Y qué de los viajes misioneros? Son costosos. Su hijo adolescente vuela a un país desconocido con desafíos imprevistos. ¿Son realmente necesarios? Los viajes misioneros cambian la vida de los adolescentes. Los viajes misioneros amplían sus horizontes al darles un vistazo de lo que significa ser desinteresado. Los viajes les muestran un mundo más allá de sus propios grupos. ¿Quiere usted contribuir a algo que abrirá los ojos de su adolescente a la posibilidad de ser usado por Dios? Ayude a recaudar fondos para un viaje misionero con el grupo de jóvenes de su iglesia o con una organización juvenil reconocida.

Hace poco mis padres me dejaron ir a un viaje misionero que cambió mi vida. Mis padres estuvieron dispuestos a pagar una gran suma de dinero para dejarme ir. Cuando regresé, ellos vieron que yo había cambiado. Ellos han sido maravillosos al aceptar los cambios y al hablarme sobre la fe, las misiones, y cosas así. Ha sido maravilloso. Realmente me dice cuánto ellos se interesan.
Sarah, A., 15 años

Ahora mismo hay padres que están de rodillas clamando a Dios por sus adolescentes que no son salvos. Están orando por los adolescentes que usan drogas, que son rebeldes o que no quieren vivir porque la vida es demasiado abrumadora. Están invirtiendo tiempo espiritualmente en sus adolescentes porque sus hijos se han alejado de su fe. En lugar de quejarse del grupo de jóvenes o de las actividades, considere cuán bendecidos somos al poder apoyar a los adolescentes que quieren estar involucrados en las actividades espirituales. Si su adolescente está corriendo hacia Dios, tome un momento y déle gracias a Dios, y luego corra con él.

Ellos me han enseñado sobre su bondad. Me han mostrado mediante sus ejemplos el valor de la ve en Él y sólo en Él.
Jenny M., 18 años

5: CONTROLAR MI FE

Mis padres me dan el espacio para desarrollar mis propias creencias.
Mika W., 18 años

Póngase el sombrero de malabarista porque vamos a hablar una vez más sobre el equilibrio. Apoyar las actividades juveniles de su hijo adolescente no puede confundirse con controlar la vida espiritual de su hijo. Lo mejor que usted puede hacer es mostrarle el camino, pero si usted trata de vivir su fe por él, esto tendrá un efecto contraproducente. Es muy bueno tener cultos familiares pero es algo completamente diferente rondar alrededor de su adolescente mientras lee la Biblia para asegurarse de que lea cinco capítulos.

Dios no nos obliga a seguirlo. Entonces, ¿por qué los padres nos obligan a seguirlo? Asegúrate de que sea lo más importante en tu propia vida.
Keith J., 21 años

Los padres pueden desanimar a los adolescentes cuando regulan el cristianismo. Los adolescentes pueden sentir como si estuvieran marcando una tarjeta espiritual. En mi clase de discipulado nosotros adoptamos el concepto de los siete: Vive para Dios los siete días de la semana y conéctate con Él cada día durante siete minutos. No parece mucho, y sin dudas no es suficiente, pero es algo para empezar. Muchos adolescentes se sienten abrumados ante la idea de estar solos con Dios. ¿Qué le dirán? ¿Y si no entienden la Biblia? ¿Y si no pueden pasar una hora en oración y estudiando la Biblia? ¿Eso quiere decir que le han fallado a Dios? Una hora pudiera no ser factible; sin embargo, siete minutos es alcanzable. Cualquier puede leer un capítulo de la Biblia y hablar con Dios durante siete minutos. Lo bueno de este concepto es que se trata menos de cuánto tiempo pasar en oración y estudio de la Biblia y más de relacionarse con Dios cada día. La mayoría de los adolescentes descubren que los siete minutos se convierten en diez y luego en treinta, y algunos se percatan de que han pasado una hora o más con Dios. El concepto de los siete quitó la presión de los adolescentes de nuestro grupo. Ahora varios alumnos tienen una vida de oración dinámica que se parece a la de los cristianos adultos maduros.

Predique con el ejemplo. Deje que lo vean primero en usted. Lea la Biblia y cultive su propio caminar con Dios. Pasen tiempos en familia en los que puedan conversar sobre asuntos espirituales. Sin embargo, cuando su adolescente cierre la puerta de su dormitorio par orar o leer la Biblia no le pregunte: "¿Oraste durante media ora como dijiste que lo harías?" Anímele en su fe, pero no cometa el error de enseñarle que leer la Biblia y orar es cuestión de agradarle a usted en lugar de relacionarse con Dios.

6: DEJARME EN LA PUERTA

Pregunta: ¿Tus padres van contigo a la iglesia? ¿Quieres que vayan?

Mi papá es cristiano pero no va a la iglesia. Eso es muy duro. Ayudaría mucho si los dos, mi madre y mi padre, fueran a la iglesia juntos.
Amber L., 17 años

En todo el país hay miles de adolescentes a quienes los dejan en la puerta de la iglesia o que llegan con sus amigos. Un tercio de los doscientos adolescentes que asisten a mi iglesia vienen solos. Según los adolescentes, hay una diferencia cuando papá y mamá hacen de la fe una cuestión familiar. Yo fui una adolescente que iba sola a la iglesia durante los dos primeros años después de ser salva. Era difícil arrodillarse en un altar y sentir la presencia de Dios y no poder hablar de eso con las personas con quienes yo vivía. Mi mamá va conmigo. Eso es una bendición porque tengo amigos cuyos padres no creen. Eso les afecta.
Vickie M., 21 años

Existe una diferencia notable en los grupos de jóvenes. Están los adolescentes que tienen apoyo de la familia en la iglesia y otros que no. Los padres que asisten a la iglesia están al tanto de las actividades. Saben lo que sus adolescentes necesitan para estar conectados al grupo de jóvenes y a sus eventos. Trabajan con sus adolescentes para recaudar fondos para los viajes y las actividades. Muchos sirven como consejeros voluntarios en los campamentos o patrocinan a los jóvenes. Se saben los nombres de los jóvenes de la iglesia y los conocen a nivel personal. Se aseguran de que sus hijos asistan a la Escuela Dominical y a los grupos pequeños. Estos adolescentes no sólo están ligados al grupo de jóvenes sino a toda la familia de la iglesia.

Me encanta la gente de la comunidad a la que pertenezco. Eso ayuda a fortalecer mi fe como nuevo cristiano para ver a Dios vivo en mi iglesia. Mis padres tendrían un impacto en mi fe si vinieran conmigo a la iglesia y trataran de comprender mi travesía espiritual en lugar de sólo decir: "Eso es bueno, cariño".
Travis R., 18 años

Aquellos adolescentes cuyos padres no asisten a la iglesia por lo general están menos relacionados con la iglesia. Muchos de ellos asisten solos al culto de jóvenes. Puede que no asistan a un campamento o a las actividades del fin de semana porque sus padres no las ven necesarias o les parecen demasiado costosas, y no están conscientes de su importancia espiritual. Los adolescentes más jóvenes que no manejan tal vez no tengan una manera de llegar a la Escuela Dominical o a los grupos de discipulado. Muchos de estos adolescentes se sienten desconectados. En todos los grupos hay excepciones, pero por lo general una familia que asiste junta a la iglesia es un sistema de apoyo para sus adolescentes. ¡Es un asunto de familia!

Mis padres pudieran impactar mi fe ¡si ellos mismos tuvieran fe!
Gemma M., 13 años

Cuando los adolescentes que no provienen de un trasfondo cristiano adoptan el cristianismo como un estilo de vida, llevan su nueva fe a un hogar donde ni se comprende ni se cultiva la misma. Una chica que asiste a mi iglesia lo hace en contra de los deseos de su familia. No es poco común que los adolescentes falten a la iglesia porque tienen que escoger entre la iglesia y otras actividades que sus padres consideran más importante. Muchos adolescentes se sienten solos en su fe cuando no existe el apoyo de la familia. Cuando yo les pedí a los adolescentes que me dijeran una cosa que los padres podían hacer para causar un impacto en su fe, la respuesta mayoritaria fue que sus padres asistiera a la iglesia con ellos.

Lo que mis padres pudieran hacer para tener un impacto en mi fe sería asistir a la iglesia conmigo.
Becca A., 15 años

LLÉVELOS EN LA TRAVESÍA

Pregunta: ¿Tus padres tienen una relación íntima con Dios?

Mis padres me han enseñado sobre su bondad. Me han mostrado mediante su ejemplo el valor de la fe en Él.
Jenny M., 19 años

Usted le enseña a su hijo acerca de Dios cuando lo incluye en su propia travesía. Cuéntele su amor y su pasión por Dios. Muéstrele las cosas de la Palabra de Dios que le emocionan o le enseñan a usted. Sea abierto con relación a su fe y su alegría al conocer a Dios. Si Dios toca su vida de una manera especial, deje que su adolescente lo celebre con usted.

> *Mi familia está muy enfocada en la fe. Mis padres me han enseñado que incluso con cáncer y sin dinero, no hay motivo para estar enojado con Dios. Esas épocas sólo sirven para fortalecerte en tu fe.*
> *Jennifer T., 19 años*

Todas las familias pasan por momentos difíciles como enfermedad, dificultades financieras o crisis inesperadas. ¿Qué aprende su adolescente de usted durante esas épocas desafiantes? Usted tiene la oportunidad de mostrarle su fe en acción. Háblele de la fidelidad de Dios y de cómo usted confía en Dios. Cuéntele cómo Dios le está enseñando y guiando a través de los tiempos difíciles. Déjele saber que Dios puede caminar con las personas y ayudarlas a encontrar el camino en los momentos oscuros.

Cuando yo descubrí que tenía cáncer, descubrí que tenía menos del cuarenta por ciento de probabilidad de sobrevivir en un período de cinco años. Me senté con mis hijos y les hablé de mi fe en que Dios estaría con nosotros a cada paso del camino. Recuerdo que Melissa, que entonces tenía sólo ocho años, estaba sentada junto a mí, envuelta en su frazada con dibujitos de osito mientras orábamos juntos. Me dijo que le asustaba mucho que yo estuviera enferma. Le dije que a Dios le importaba cómo ella se sentía y que si ella oraba, Él le daría paz. Más tarde esa noche ella me trajo su Biblia infantil. La había abierto y el primer pasaje que leyó fue un pasaje de consuelo. Estaba tan emocionada de saber que Dios había escuchado sus oraciones.

Cuando pasé por la quimioterapia y las radiaciones, fui sincera con mis hijos. Les dije que me asustaba lo que tenía que enfrentar, sin darles detalles espeluznantes. Les dije que mi plan era confiar en Dios. Después de nuestro debate familiar, mi hija Leslie apuntó a sus pies. "Mamá, Dios puede hacer cualquier cosa", dijo. Leslie había nacido con una gran deformación en los pies y tuvo muchas cirugías. Le dijeron que no podría correr ni hacer deportes, pero jugaba fútbol y baloncesto.

Mis hijos fueron quienes más ánimo me dieron. Esta fue una de las épocas más difíciles en nuestra vida, pero crecimos en nuestra fe como familia al enfrentarla juntos. Ellos todavía recuerdan esa época de una manera positiva. No recuerdan haber sentido temor, sino que recuerdan esa época como una aventura, un momento en que pudieron observar cómo Dios nos ayudaba a través de todo el proceso. Ya llevo doce años como sobreviviente de cáncer. Durante ese tiempo han sucedido muchas cosas. Hemos tenido luchas y también hemos disfrutado de buenos tiempos, pero hemos tenido la oportunidad de incluir a nuestros adolescentes en cada paso de la travesía.

> *Todo lo que sé de Dios es bueno y yo los amo [a mis padres] por eso. Cada vez que tengo una pregunta, ellos tienen las respuestas.*
>
> *Salena B., 18 años*

Deje que su adolescente sepa que Dios es real para usted. Sea transparente en su caminar en la fe. Muéstrele que Dios es más que una tradición. Es un modo de vida. Incluya a su adolescente en la aventura.

Póngalo en práctica

¿Cómo enseño a mis hijos?

Las Escrituras nos animan a examinar nuestra vida. Aunque al hacerlo, usted tal vez descubra algunas cosas que hubiera preferido no descubrir, ¡regocíjese! La ignorancia sólo significa que no estamos al tanto. El conocimiento de lo que está mal nos da la capacidad de hacer cambios que producen mejoría. Use estas preguntas para ayudarse a escudriñar su corazón.

1. Si mi vida fuera un sermón, ¿cuál sería?
2. ¿Utilizo las Escrituras o la religión en la disciplina?
3. ¿Evalúo la vida espiritual de mi hijo según los problemas de la vida (como pensar que sacar malas calificaciones hace que uno no sea buen cristiano)?
4. ¿Tengo normas diferentes para mí y para mi hijo adolescente?
5. ¿Apoyo las actividades juveniles de mi hijo adolescente con un espíritu alegre o a regañadientes?
6. ¿Conozco al pastor de jóvenes de mi hijo adolescente y lo apoyo en oración?

7. ¿Controlo el progreso espiritual de mi adolescente? ¿Le he enseñado que eso es un deber?
8. ¿Me preocupa más la fe de mi hijo que la mía propia?
9. ¿Incluyo a mi hijo adolescente en mis desafíos y logros espirituales?
10. ¿Hablo con mi adolescente sobre asuntos reales a la luz de la fe?
11. ¿Me he quejado alguna vez sobre la participación de nuestro adolescente en la iglesia?
12. ¿Asisto a la iglesia con mi adolescente o sólo lo dejo en la puerta?

UNA ORACIÓN

Ilumíname, Dios. Permite que mi vida sea un ejemplo para mi adolescente. Si tengo normas diferentes para mí y para mi hijo, perdóname, porque no sólo he pecado contra mi hijo, sino contra ti. Si me he quejado de tu templo, ayúdame a ver que es donde tú vives y respiras y te mueves. Quiero sentirte, aprender de ti y crecer en mi fe, en la casa de Dios.

Restaura mi gozo, precioso Salvador, para que mi adolescente pueda ver lo que significa conocer a Dios. Ayúdame a concentrarme en mi propia fe y permite que mi adolescente te sirva con un corazón dispuesto. Si yo he frustrado la fe de mi adolescente, ayúdame a empezar de nuevo hoy.

Señor, mi hijo escucha tantas verdades espirituales que a veces es difícil saber qué es verdad y qué no. Haz que mi fe sea real para que mi hijo adolescente tenga un ejemplo vivo de lo que significa ser un seguidor de Cristo. Restaura mi primer amor contigo para que mi adolescente te vea a ti dentro de mí.

Te necesito a ti como padre, Señor, pero más que nada, te necesito a ti como hijo de Dios.

Capítulo **diez**

Una fe familiar relevante

Una persona que verdaderamente cree es tan fuerte como noventa y nueve personas que sólo están interesados.
—John Stuart Mill

Mostrar es importante. Para mostrar estas cosas los padres deben dejar que sus hijos las vean verdaderamente. Hablarles sobre las decisiones grandes que enfrentan, tal vez, y luego decir lo que Dios les ha dicho al respecto (a través de la Biblia y la oración). Los padres deben demostrar que Dios es lo más importante al mantener un tiempo regular de oración y aferrarse a su Palabra, y dar consejos basados en las Escrituras. E incluso, cuando sucedan cosas malas, los padres deben mostrar que su fe en el Señor es firme. Poner a Dios primero siempre es un ejemplo extraordinario.
Sarah C., 19 años

Sabemos que nuestra vida enseña a nuestros hijos pero, ¿cuál es el próximo paso? ¿Qué dicen los adolescentes que quieren de sus padres en cuanto a la fe? ¿Cómo involucramos a Dios en nuestra familia de una manera que transforme a nuestros adolescentes?

> Pregunta: ¿Alguna vez tus padres oran contigo? ¿Quieres que lo hagan?

Comencemos con la oración. Los adolescentes sí quieren que los padres oren por ellos pero no están hablando de una oración apurada antes comer tacos ni oraciones disfrazadas de piel de oveja como: "Amado Dios, ayuda a Suzie a entender cómo ser obediente para que deje de ser insolente". Las oraciones apuradas tienen muy poco impacto. Las oraciones que sermonean alejan a su adolescente un poco más de usted y los aleja mucho de la fe. Los adolescentes quieren saber que sus padres están orando por ellos a diario. Ellos creen que la oración de un padre o madre los protege y los ayuda, incluso cuando tienen problemas.

> *Orar por nosotros realmente ayuda. La oración ablanda los corazones y yo soy un testimonio vivo de eso. Ahora estoy orando por mis hermanos.*
> *Anna A., 15 años*

Un adolescente de diecinueve años tocó a nuestra puerta en medio de la noche. Sus padres me habían llamado antes para decirme que tal vez vendría, aunque ninguno de nosotros pensó que sería a las 2:00 a.m. Corey se paró en el umbral de mi puerta. Estaba completamente drogado, pero aparte de eso estaba impecable. Parecía una foto de un modelo en una revista de moda, apuesto y vestido con ropa de última moda. La imagen exterior de Corey no mostraba la guerra que se libraba por dentro. Era una adicto pero nadie estaba seguro de cómo había llegado a ese punto. Se crió en un buen hogar. Sus padres eran activos en la iglesia y tenían éxito en la comunidad. Su madre estaba en casa todos los días y era el tipo de mamá que todos los niños amaban, la que hornea galletitas y es miembro de la Asociación de Padres y Maestros. El matrimonio de sus padres era fuerte y amoroso. Tenían dos hijos; ambos eran excelentes muchachos y todo parecía marchar bien, hasta que Corey cumplió dieciséis años.

Probó las drogas por primera vez en una fiesta y, en pocos meses, ya usaba metanfetaminas de forma habitual. Corey se volvió un experto en llevar sus dos vidas separadas. De alguna manera ocultó su adicción a sus padres, a sus mejores amigos y a su pastor de jóvenes hasta la noche en que lo detuvieron por manejar ebrio y su mundo secreto se desplomó. Lo sentenciaron a hacer servicio comunitario y le pusieron una multa. Sus padres estaban consternados pero enseguida dieron el paso de apoyarlo con un amor incondicional y además apoyaron la decisión del tribunal. Inscribieron a Corey en un programa para personas que abusan de estupefacientes y comenzaron a orar.

Cuando Corey salió del programa, regresó a sus antiguos hábitos. En esta ocasión no lo ocultó. Incumplía con su hora de llegada a casa. Llegaba drogado o no llegaba. Su conducta en casa era impredecible y a veces violenta. Andaba con un grupo peligroso, gente que vivía en una zona mala de la pequeña ciudad, que portaba armas y las usaba, que preparaba metanfetaminas en casas destartaladas y en pequeñas habitaciones de hotel.

En un lapso de seis meses la vida de esta familia quedó al revés. Nada los había preparado para esta situación. La adicción de Corey no sólo lo estaba destruyendo a él, sino que también estaba acabando con su familia. Los padres de Corey nunca sabían qué esperar. Establecían límites y él los quebrantaba. Ellos batallaban para encontrar un asidero en su fe que los guiara por este terreno desconocido. Después de unos cuantos incidentes más, los padres le dieron a Corey un ultimátum: podía asistir a un programa cristiano de rehabilitación y alejarse de las drogas y de ese estilo de vida, o tenía que irse de casa. Él se negó participar en el tratamiento. Su mala conducta continuó y sus padres le pidieron que se fuera. Era una decisión que les partía el corazón, pero estaban desesperados, luchando por discernir qué sería lo mejor para su hijo.

Corey llevaba unos meses viviendo solo la noche que llegó a mi casa. Mi esposo observa de cerca cuando yo salí al portal.

—¿Qué pasa, Corey? —le pregunté.

—¡Dile que pare! —gritó él. Empezó a llorar. Hablaba rápidamente, las oraciones salían juntas e incoherentes. Yo trataba angustiosamente de seguir la conversación. Le pedí a Corey que se sentara. —¿De qué estás hablando? —le pregunté.

Él se puso la cabeza en las manos.

—Cada vez que voy a casa lo escucho. Está en su habitación orando por mí. Lo escucho pidiéndole a Dios que me salve. No es justo. Mientras él está orando por mí, yo no puedo rendirme. Si él dejara de orar, Dios me dejaría tranquilo.

Me senté en la oscuridad con aquel joven quebrantado a mi lado. El enorme cielo estaba punteado de estrellas distantes. La presencia omnipotente de Dios era tangible. Las oraciones de un padre, aunque afligido y destrozado, eran tan fuertes que estaban llegando a los lugares más oscuros del alma de su hijo y lo estaban conmoviendo.

Lo que mis padres pudieran hacer por mí para impactar mi fe es orar por mí.
Jennifer L., 15 años

El capítulo final de la historia de Corey todavía no está escrito, pero yo creo firmemente que tendrá un final positivo. Corey todavía está luchando, pero está en un programa cristiano de rehabilitación. Cada vez que conversamos veo un deseo en sus ojos de encontrar el camino para salir de la adicción y regresar a su antigua vida.

He escuchado a algunos padres decir que llega un momento en que uno simplemente quiere darse por vencido, y sin embargo, los padres de Corey siguen creyendo que Dios puede sanar y sanará a su hijo. Ellos se han mantenido firmes y su hijo ha sido cubierto de amor. Hay mucho dolor pero hay determinación. Ellos comprenden que la decisión de entregar su vida: su adicción, sus sueños y su futuro, a Dios tiene que hacerla Corey. También saben que la oración es poderosa y eficaz. No estoy seguro de dónde estaría él sin las oraciones de su padre.

Ahora que soy mayor mi mamá sólo ora y le pide al Espíritu Santo que hable a mi corazón.
Michelle H., 17 años

Es un error sólo orar por nuestros adolescentes cuando tienen problemas. Las oraciones de los padres son una cobertura sobre la vida de sus hijos adolescentes. No tenemos idea de lo que Dios hace con esas oraciones a medida que nuestros adolescentes enfrentan tentaciones o toman decisiones que pueden cambiar la vida por completo. La oración de un padre o madre es un indicador en la vida que ayuda a los adolescentes a girar a la derecha o a la izquierda según contemplan su futuro.

ORAR CON SU ADOLESCENTE

Mi papá oraba conmigo pero por lo general sólo era recitar una oración, no orar de verdad. Si fuera una oración de verdad, sería bueno.
Sarah C., 19 años

Aunque a los adolescentes les consuela saber que sus padres están orando por ellos, muchos se sienten incómodos con la idea de orar con su mamá o su papá. Los adolescentes ven la oración como una parte vital de su relación con Dios. El que un padre se les una en oración es como si mamá o papá escuchara a escondidas una conversación privada.

Bueno, tengo que decir que probablemente no me gustaría que mis padres oraran conmigo. Realmente no sé por qué. Tal vez sea porque se supone que uno sea sincero con Dios porque a fin de cuentas Él lo sabe todo. Si estás orando con tus padres, entonces tienes que ser sincero con ellos también. Quizá parece que están invadiendo mi privacidad. Realmente me sentiría muy incómodo con eso.
Stan T., 13 años

Los adolescentes hablan con Dios de cualquier cosa. La oración es el lugar secreto donde pueden encontrarse con Dios y confesar sus pecados o pedirle fuerza en medio de una situación difícil. Pueden contarle sus sueños para el futuro o alegrarse de una palabra que hayan recibido mediante la Biblia. Pueden orar por una amiga que no es salva que tuvo relaciones sexuales con un muchacho el fin de semana anterior. Pueden ser completamente sinceros con Dios. Quieren que sea una conversación personal, y esperan que sus padres les den el espacio para que eso suceda.

Yo no quiero que mis padres oren conmigo porque me sentiría incómoda si ellos supieran cosas de mi vida.
April W., 14 años

Los adolescentes de mi clase de discipulado llevan un diario de oración. Para algunos de ellos orar es difícil porque todavía están madurando espiritualmente. Escribir sus necesidades de oración y sus pensamientos en un diario es mucho más fácil. Una madre habló conmigo una noche después del culto y me contó lo emocionada que estaba porque su hijo estaba pasando tiempo con Dios. Entonces me dijo que todos los días leía el diario de oración de su hijo. "Es tan maravilloso ver lo que dice", señaló ella. Aunque sus motivos eran puros, si su hijo descubriera que su diario de oración estaba a la vista de la familia, es muy probable que dejara de anotar sus oraciones. La realidad es que él no estaba escribiendo en su diario de oración para un público de dos.

No sé si querría que mis padres oraran conmigo o no. Para mí orar es algo muy espiritual, personal, entre Dios y yo. Creo que perdería eso si tuviera que compartirlo con otra persona.
Mika W., 17 años

DISCERNIR ENTRE LA ORACIÓN PRIVADA Y LA ORACIÓN FAMILIAR

Yo no quiero que mis padres oren conmigo. No me siento bien al tener que hablar de mis problemas o hacerle preguntas a Dios con otra persona.
Tim B., 16 años

Entonces es importante hacer una distinción entre los momentos de oración privados de un adolescente y la oración familiar. Los momentos privados de su adolescente con Dios son suyos. La oración familiar es acerca de temas familiares. Es orar por dirección y bendición. Es el momento de alabar a Dios por los sucesos grandes y pequeños que afecten a su familia. Es para orar por el mundo en el que viven.

La oración familiar debe estar compuesta de oraciones reales y no de oraciones estereotipadas ni unas palabras que siempre se dicen para dar gracias por la comida. No tiene que ser larga, y es mejor si no lo es. A algunos padres les gusta programar la oración, y la fijan para cierta hora durante el día. En este mundo lleno de horarios en que viven nuestros adolescentes, el programar la oración puede hacer parecer que esta es una tarea. En lugar de preocuparse por el tiempo, preocúpese por el contenido. Haga que la oración familiar sea abierta e informal. Deje que cada miembro hable con Dios como si estuviera hablando con un amigo. Si un miembro de la familia quiere permanecer en silencio, permítaselo. Muchos adolescentes aman a Dios pero no se sienten cómodos al orar delante de otros, incluso de la familia. La oración familiar puede unir a los miembros mientras oran para que Dios bendiga y guíe a su familia. Puede ser un puntal en tiempos de crisis. La oración familiar es un tiempo para reflexionar en las cosas por las que estamos agradecidos.

> *Yo quiero que nuestra familia ore junta; Hay un vínculo y una relación fuertes en una familia que ora junta, y lamentablemente no tenemos este tipo de goma espiritual en nuestras relaciones. Mis hermanas y yo oramos juntas, pero nuestros padres no oran con nosotras.*
> *Lacynda B., 20 años*

EXPERIMENTE A DIOS EN LO INESPERADO

> *Tengo el recuerdo de una oración verdaderamente emotiva que hice con mis padres. Fuimos a un lugar en Arizona con cañones naturales color rojo oscuro y montañas. Había una iglesia en una colina y decidimos manejar hasta allí. Tenían hileras de velas en el santuario. Mi papá sugirió que encendiéramos una vela en honor a mi tío quien había sido diagnosticado con melanoma recientemente. Nos tomamos de las manos mientras mi papá encendía la vela y oramos juntos. Fue uno de esos momentos que nunca olvidaré.*
> *Kayla T., 15 años*

Nunca sabemos cuándo un momento determinado tocará la vida de nuestros hijos. Hacer énfasis en la oración en casa es importante, pero una familia puede experimentar a Dios en los momentos espontáneos. Hace tres años nosotros estábamos de vacaciones. Caminábamos por la ciudad que estábamos visitando y encontramos una capilla. El edificio parecía tener más de cien años y estaba en mal estado. Las enormes puertas de roble estaban medio abiertas, así que entramos. La capilla era impresionante, desde los bancos robustos hasta el pulido piso de madera. Al frente de la iglesia colgaba un crucifijo y una señora anciana estaba arrodillada a los pies del mismo. Nos quedamos amontonados en la parte de atrás, conscientes de que habíamos entrado en un momento privado de oración. La mujer se puso de pie. Tenía los hombros inclinados mientras se extendía y marcaba un sendero por los pies de Cristo. Una lágrima le rodó por la mejilla. Fue un momento hermoso, reverente.

Leslie estuvo callada mientras caminábamos de regreso al hotel. Más tarde esa noche me dijo que había sentido tangiblemente la presencia de Dios en aquella pequeña iglesia. La devoción silenciosa de la mujer y su amor por Cristo le hablaron de una manera que las palabras nunca lo habían hecho. Fue maravilloso mientras hablábamos de cómo Dios nos había tocado en medio de unas vacaciones ocupadas y había rozado el corazón de mi hija.

Los "momentos de Dios" pueden suceder en cualquier momento y en cualquier lugar. Esté a la espera de los momentos inesperados. Usted nunca sabe cuándo o dónde Dios pudiera estar esperando para tocar la vida de su adolescente o la suya. Invite a su adolescente a compartir los momentos espirituales espontáneos fuera de las cuatro paredes de una iglesia o de su hogar.

EL CULTO FAMILIAR

Pregunta: ¿Cómo te gustaría que tus padres expresaran la fe en tu hogar?

Nosotros leemos la Biblia y oramos a la hora de comer, pero nadie dice cosas como: "Oye, ¡adivina lo que está haciendo Dios en mi vida ahora mismo!"

Karianne P., 17 años

Los comentarios sobre este tema fueron tan particulares como las familias representadas. Muchos adolescentes expresaron ideas que funcionaban en su familia. Una familia leía un capítulo de un libro cristiano de ficción contemporánea y lo debatían, intercambiaban ideas y luego las aplicaban a la vida real. Otros leían todos los días una porción de buenos libros de lecturas diarias con ideas divertidas o creativas sólo para adolescentes. Algunos tenían tiempos de culto familiar por la noche o luego de la cena. Lo más importante para cada adolescente era que la fe fuera una parte natural del tapiz familiar.

Casi todas las noches mi papá nos lee de un libro (como Frank Peretti) y todos oramos juntos antes de irnos a dormir.
Kinsey P., 16 años

Algunos de los momentos más difíciles de nuestra familia fueron tratando de programar un tiempo de culto familiar. De vez en cuando nuestro pastor animaba a la congregación a tener cultos familiares, así que una noche empezamos a sentarnos obedientemente en círculo y lo probarlo. Ryan se estiraba y bostezaba todo el tiempo. Leslie miraba para el piso como si fuera una escotilla de salvamento. Melissa viraba los ojos hacia arriba. "¿Cuánto va a durar esto?", preguntaba. Sin lugar a dudas, no era un cuadro sobre el culto familiar pintado por Norman Rockwell, ¿cierto? Nuestros adolescentes estaban tan ocupados que programar tiempo para el culto familiar hacía que pareciera un proyecto de la escuela. Para nuestra familia funcionaba mejor si insertábamos a Dios de manera natural durante la semana. Hablábamos de Dios abiertamente con nuestros adolescentes. Richard y yo orábamos con ellos cada noche, y pasábamos algunos momentos especiales con cada uno antes de que se durmieran. Algunos de nuestros mejores momentos fueron en esos tiempos de tú a tú.

Yo hubiera querido tener un tiempo de estudio bíblico con la familia cuando era pequeña. Yo tuve que aprender lo elemental de la oración y la importancia de la lectura de la Biblia en otros lugares, aunque mis padres sí leían la Biblia y oraban solos.
Lanae P., 19 años

Hable con su adolescente y debatan ideas sobre qué funciona en su familia. Si su adolescente expresa el deseo de tener un tiempo de culto familiar programado, inclúyalo en sus planes. Deje que él escoja el libro que leerán. Pregúntele si quiere que sea un debate o simplemente un tiempo para reflexionar en un pasaje. La manera en que lo hagan no es importante siempre y cuando el hablar de Dios y de temas bíblicos sea una parte natural de su tiempo en familia.

Durante el comienzo de mi adolescencia mis padres dejaron de tener el culto familiar diario que habíamos hecho jun-

tos desde que tengo memoria. Yo extraño su ejemplo diario.
Esther M., 17 años

UN MINISTERIO FAMILIAR RELEVANTE

Mi padre es predicador (capellán en las Fuerzas Aéreas) y yo he aprendido mucho acerca de Dios con el paso de los años. He escuchado sus sermones la mayor parte de mi vida. Ellos oran por mí cuando las cosas se ponen difíciles. Me dan consejos que incluyen a mi Padre celestial. Mi mamá me ha dicho que uno nunca sabe lo que está pasando en la vida de otra persona. Eso siempre me ha ayudado a darle a alguien una sonrisa de ánimo y a tratar de ser compasiva. Creo que mis padres tienen una relación íntima con Dios.
Jen W., 15 años

El ministerio no se limita a alguien que ocupe el puesto de pastor. Existen oportunidades de ministerio para maestros de Escuela Dominical, choferes de buses ministeriales, líderes para los ministerios de mujeres, líderes de jóvenes, personas que trabajen con ancianos, personas que participen en misiones, etc. El ministerio puede ser el ejemplo más enriquecedor que podemos darles a nuestros hijos o puede empañar la imagen que ellos tengan del servicio. La mayoría de los adolescentes no comprenden la naturaleza desinteresada del ministerio hasta que se les demuestra o hasta que se les invita a participar. Ellos observan nuestro ejemplo para descubrir qué significa tener un corazón de siervo. El ministerio puede ser exigente, frustrante, enriquecedor y emotivo, todo a la misma vez. Hacer del ministerio un asunto de familia permite que los adolescentes participen tanto en los momentos inspiradores como en los que no lo son tanto.

Mi pastor alternaba en llevar a sus hijos a visitar a los enfermos o al hospital. Esos muchachos aprendieron que su padre podía consolar y animar a alguien que estuviera peleando una batalla pero también se beneficiaban del tiempo que pasaban con su papá. Conversaban mientras se transportaban al lugar y tenían toda la atención de su padre. Según fueron creciendo, se le unían en orar por los que estaban enfermos. Veían a Dios ministrar mediante esas oraciones y les animaba ver la oración como una herramienta vital de ministerio.

Ambos chicos están estudiando hoy para entrar en el ministerio.Esta misma familia ha trabajado para proteger a sus hijos de los percances del ministerio. Los padres aíslan a sus hijos de la miembro de la iglesia que tal vez es un poco dominante y está enojada porque el pastor no se presentó el día que le sacaron una uña enterrada. Si surge un conflicto, se maneja en la iglesia con orden y compasión y no se lleva a casa, a la familia. A los adolescentes se les permite ser personas individuales y buscar a Dios en su propio nivel. Los tres chicos aman a Dios y han encontrado su propio lugar en la iglesia, con su propia fe.

A mí me gusta mi iglesia; sin embargo, me gustaría que hicieran más proyectos de servicio.
Kyle G., 14 años

Los adolescentes definen la fe como servicio porque separa un tipo de fe de otra. Ellos respetan a las personas desinteresadas que muestran la fe mediante la acción. Una noche se quedaron en mi casa varios de los amigos de mis hijos. A la mañana siguiente yo iba a reunirme con algunas amigas para cocinar el almuerzo en un refugio de la ciudad. Era la primera vez que lo hacía, y estaba un poco insegura. Cuando les conté mis planes a los adolescentes y a sus amigos, varios estaban emocionados. Me pidieron que los despertara temprano para ir conmigo. Nos ayudaron a cocinar, se sentaron y conversaron con varias personas mientras almorzaban. Y después limpiaron. Ellos fueron divertidos y le dieron toda una nueva dimensión al proyecto. Les encantaba la idea de poner alas a su fe. (Esos son los mismos adolescentes que venden miles de barras de dulces para ir a viajes misioneros.)

Esta generación quiere saber que pueden marcar una diferencia. Mi hija Melissa y sus amigas ministran a la gente desamparada de la zona metropolitana de una ciudad cercana. Ellas no se contentaban con sólo repartir ropa y comida. Decidieron vivir como esas personas para poder comprender por experiencia propia las necesidades espirituales y emocionales de esas personas. Mi hija es una hermosa rubia. Ella dijo que la parte más difícil de vivir así era ser invisible. Tenía el pelo recogido debajo de una gorra sucia. Su rostro no tenía maquillaje. Se paró en la calle y pidió dinero. La meta era reunir dinero suficiente ese día para poder comer. Ella no se percató de cuánto significaban la interacción y el toque humano hasta que la gente le pasaba por el lado tratando de evitarla. Estaba sucia y tenía hambre, pero más que nada quería que alguien le dijera que reconocían su humanidad. Cuando Melissa me contó lo que había aprendido, se me hacía difícil al principio ignorar el hecho de que se había expuesto al peligro, pero lo único que ella veía era que tuvo la oportunidad de servir y de marcar la diferencia. Esta generación está buscando oportunidades de ser desafiada en su caminar de fe. Una fe familiar relevante se produce cuando animamos a nuestros adolescentes mediante el ejemplo y al darles oportunidades para el ministerio familiar.

NO ES UN CLON ESPIRITUAL

> *Quisiera que mis padres dejaran de criticarme y de juzgarme y aceptaran el hecho de que mi fe en Cristo es personal. Yo no publico cada momento que paso con Dios para que ellos puedan llevar cuentas de mi fe. Ellos no pueden vivir mi vida en Cristo por mí, y yo nunca estaré a la altura de las expectativas de lo que es una hija cristiana "perfecta" porque nunca jamás seré perfecta, sólo perdonada por la gracia de Dios. Eso es lo único que Dios pide, que yo viva para Él lo mejor que pueda y que le permita obrar a través de mí como a Él le parezca y no como les parece a mis padres.*
>
> *Lacynda B., 17 años*

Uno de los regalos más valiosos que usted puede darle a su adolescente es permitir que desarrolle su fe por sí mismo. Él no será su clon espiritual, y si usted espera que lo sea, las probabilidades de que la fe de él sea personal serán muy escasas. Él vive su fe en un ambiente muy diferente al suyo. Los adolescentes de hoy tienen oportunidades que tal vez usted no tuvo cuando era un adolescente. Su estilo de adoración, su música y sus actitudes acerca del servicio y la fe pudieran ser completamente diferentes a los suyos, pero eso no los hace menos reales.

Los adolescentes de hoy no quieren que su fe parezca una fe de antaño. Mientras que sus padres pueden haber evitado el mundo, los adolescentes y jóvenes adultos cristianos de hoy llevan su fe directamente al corazón del mismo. Ellos estudian su fe y la aplicación de esta al mirarla a la luz de libros, películas, música y asuntos de la vida en la actualidad. No le temen al mundo secular. Esto incomoda a algunos adultos porque les han enseñado el concepto de vivir separados del pecado. Los jóvenes creen en esa misma idea, pero la aplican de una manera muy diferente. Ellos creen que uno no puede impactar al mundo si se encierra en las cuatro paredes de la iglesia. El pecado puede estar a su alrededor, pero si ellos llevan a Cristo y el mensaje del evangelio en medio del mismo, las vidas serán transformadas.

> *Es probable que mis padres quieran intentar cambiar mi estilo. A ellos no les gusta. Al parecer en ocasiones los avergüenza.*
>
> *Adam D., 18 años*

Los adolescentes no dependen de las mismas cosas que los adultos. Ellos no definen el cristianismo por las apariencias externas. Hace apenas diez años los jóvenes codiciaban la ropa de marca y lucían iguales con sus camisas idénticas y sus zapatos costosos. Los adolescentes de hoy pueden ponerse una camiseta vieja de jugar bolos que se encontraron en una tienda de artículos de segunda mano. No les importa si a nadie más le parece que está bonita siempre y cuando a ellos les guste. Tienen sus tiendas favoritas, pero son un grupo ecléctico. En cualquier escuela o grupo de jóvenes usted encontrará una mezcla que va desde los estilos más modernos hasta ropa divertida y original y ropa sencillamente cómoda. Ellos experimentan con estilos de peinados y colores. No son conformistas en su moda y tampoco lo son en su fe.

> *Ya que yo vivo en un mundo diferente al mundo en que tú viviste, voy a hacer cosas que tú nunca hiciste (como ir a un congreso de jóvenes, ser misionero en México por una semana y testificar en salas de chat por el Internet). No trates de impedirme estas cosas sólo porque nunca las hiciste tú cuando eras joven. Sólo porque no las hiciste no quiere decir que sean malas. Y miren, yo soy cristiano. Ustedes a menudo dicen que un "cristiano de verdad" no actuaría o hablaría como yo, pero nadie es perfecto sino Dios. Ustedes hacen y dicen cosas que saben bien que los cristianos no deberían hacer. Yo amo a Jesús con todo mi corazón. Sé que en nuestra casa no hablamos mucho de nuestra vida espiritual, pero si realmente me conocieran: cómo adoro, oro, leo la Biblia, in-*

tercedo y busco toda mi fuerza en Jesús, no podrían decir que no soy salvo. Por favor respétenme un poco.
Chad V., 16 años

Cuando tratamos de encasillar a nuestros adolescentes según nuestras imágenes del cristianismo, ellos se ponen en contra nuestra porque nuestra imagen no encaja con ellos. Ellos quieren saber qué dice Dios sobre el tema y grabárselo en su vida y en su mundo. Lo que han escuchado en el pasado pudiera ser muy diferente de lo que ven en la Biblia. Los adolescentes estudian el ejemplo de Cristo y descubren que Él fue un inconformista en su época. Él tampoco se amoldó. De hecho, los adolescentes se confunden cuando se percatan de que la iglesia moderna se semeja más a los fariseos que al Salvador quien pisoteó la idea de fe que tenía la gente religiosa.

Todos tenemos derecho a tomar nuestras propias decisiones con relación a nuestra fe. Nadie nos obliga, pero todos hemos decidido seguir a Jesús y dedicar nuestra vida a Dios.
Kinsey P., 16 años

Es por eso que esta generación tiene el potencial de marcar al mundo para Cristo. Los adolescentes de hoy están llevando el mensaje a la gente que les rodea. Están pidiendo que la fe sea relevante. No tienen temor cuando se trata de botar las tradiciones que no tienen nada que ver con Dios ni con su Palabra. Son transparentes y cometen errores. A los adolescentes no les asusta dar el salto y probar la fe en su mundo a ver cómo les queda. Hacen preguntas difíciles sobre su fe y les dan las respuestas a sus amigos. Yo pudiera tener la oportunidad de hablar con un adulto sobre Dios, pero cuando estoy rodeada de adolescentes que aman a Dios, puedo asegurarle que voy a hablar de asuntos espirituales. Ellos no quieren conformarse con un cristianismo simple.

Cree en mí. Yo sé que parece que mi generación siempre está metiéndose en problemas, pero afuera también hay chicos buenos. Ustedes me criaron y creo que me merezco el respeto suficiente como para que entiendan que me criaron bien y que tomaré buenas decisiones. Sé que algunas de ellas [decisiones] están equivocadas, pero me ayudan a aprender. Y sé que ustedes quieren protegerme, pero necesito entender algunas cosas por mí misma, entre ellas mi posición con Dios y hacer que Dios sea mi Dios y no el Dios de mis padres.

Janelle T., 15 años

NO SE PERMITEN MÁSCARAS

Yo creo que el cristianismo es visto de manera negativa porque no tenemos gente suficientemente apasionada por Dios para siquiera comenzar a sanar las heridas que muchos hipócritas de la iglesia han ocasionado.

Ginger L., 19 años

Los adolescentes de hoy enfrentan algo que a nosotros nunca nos tocó. No pueden fingir su fe porque la hipocresía es desafiada. El cristiano tibio simplemente no puede mezclarse en el grupo como sucedía cuando usted y yo éramos jóvenes. En muchas ocasiones los adolescentes cristianos se sienten alienados, como si fueran responsables de compensar los errores de generaciones anteriores. A los cristianos adolescentes se les prueba para ver si vivirán y defenderán su fe y la Biblia. Se les hacen preguntas difíciles: ¿Es su fe mejor que otra? ¿Qué les da el derecho de decir que algo como el homosexualismo es pecado? ¿Quién les dijo que ellos podían juzgar? Ya que la gente no ve el cristianismo con ojos positivos, los no creyentes les piden cuentas a los adolescentes cristianos de hoy. Nuestra sociedad es cada vez más hostil a todo lo cristiano. Lamentablemente, en parte nosotros nos lo hemos ganado.

Creo que muchos no creyentes ven el cristianismo de una manera muy negativa. A muchos de ellos se les predica demasiado y se les ama tan poco que el cristianismo no les impacta mucho.

Amanda B., 18 años

Debido a esto, es muy probable que su adolescente se niegue a usar máscaras. Él será genuino con usted. No le esconderá sus errores ni disimulará sus imperfecciones. A veces esto es desconcertante para los adultos y lo vemos como rebelión o falta de respeto. En realidad no es ninguna de las dos. Su hijo adolescente tiene que ser sincero en cada aspecto de su fe si espera llevarla a la vida real. Tal vez no se adapte a la idea que usted tiene del cristiano perfecto, pero él no está tratando de agradar al hombre. Sencillamente quiere seguir a Dios. Los adolescentes son personas comunes y corrientes con una fe extraordinaria.

EL PELIGRO DE LA CONFORMIDAD

> *No trates de imponerme tus creencias. Déjame tomar mis propias decisiones. Me aleja de Dios cuando me obligas a acercarme a Él.*
>
> *Tracy J., 15 años*

Cuando los adultos intentan ajustar a los adolescentes a su versión del cristianismo, es como si los esposaran y los arrastraran a la cruz. No fue así que Cristo nos llevó a Él, y sin embargo, esperamos que nuestros adolescentes nos sigan obedientemente cuando les imponemos nuestro idealismo o nuestro calendario. Los adolescentes sienten que han fracasado si esperamos que sean algo que no son.

> *Cuando yo era más joven éramos muy abiertos, pero según fui creciendo, yo comencé a formarme mi propia fe en Dios, mis valores y principios, y mis puntos de vista sobre la vida. Ellos se negaban a tener una mente abierta con respecto a mis opiniones, así que dejé de contarles lo que yo pensaba o sentía o esperaba para mi futuro. Sólo les cuento lo que estrictamente necesitan saber.*
>
> *Lacynda B., 20 años*

Jonathan recibió la salvación cuando estaba en el penúltimo año de la secundaria. Su grupo de jóvenes pasó por una etapa en la que el tema del pecado se les martillaba en cada sermón. Se les pedía que examinaran su vida y renunciaran a cualquier cosa que no diera honor a Dios. Las intenciones del pastor eran buenas. Estaba cansado de ver a sus jóvenes caer en el pecado y luego ver los resultados de esos errores. A medida que pasaba el tiempo, el grupo de jóvenes revisaba sus armarios, sus autos y sus artículos personales y botaban cualquier cosa que no diera honor a Dios. Jonathan se esforzaba mucho por cumplir con esta imagen, pero su fe fue cuesta abajo cuando dejó de enfocarse en Dios y comenzó a tratar de vivir según las reglas. Cada día trataba de hacerlo mejor pero sentía que era un fracaso. En lugar de acercarse a Dios se alejaba cada vez más.

Un día cometió un gran error y varias personas lo supieron. Decidió que debido a ese error no había manera de que pudiera ser cristiano. Se fue de su grupo de jóvenes, y se alejó de su fe. Durante los cinco años siguientes vivió en el otro extremo. Bebía, usaba drogas, tenía relaciones sexuales y se iba de juerga. Se sentía abatido. Vivía en un limbo al vivir sin fe, pero anhelaba a Dios. Hubo ocasiones en las que intentó orar pero la imagen de su fracaso y su pecado eran demasiado grandes en su mente. Decidió que Dios no podía perdonarlo y no lo perdonaría. Entonces, una noche tarde, sentado en la sala de su casa, Jonathan cerró los ojos y le pidió a Dios que lo ayudara. Cuando recibimos la llamada de Jonathan esa noche, yo aguanté la respiración. Él era amigo de mis hijos y lo amábamos como un miembro de nuestra propia familia. Habíamos tratado de llegar a él, pero él cortésmente mantenía la distancia. La voz quebrantada en el teléfono sonaba desesperada. Él extrañaba mucho a Dios pero no sabía si era posible vivir para Dios. Yo le recordé que Dios era misericordioso y que Él estaba esperando que Jonathan regresara a Él.

Para Jonathan este último año ha sido un tiempo de deshacerse de su antiguo concepto del cristianismo y de buscar lo que realmente significa seguir a Cristo. Jonathan ha descubierto que Dios sí perdona. Ha aprendido que Dios es capaz de refinar la vida de una persona cuando esta lo busca cada día. Ha descubierto la belleza de la gracia y lo que significa obedecer a Dios por amor y no por temor. Jonathan nos ha inspirado ya que lo hemos visto traer a varias personas a la iglesia y les ha permitido pacientemente encontrar a Dios a su propio paso.

> *Soy una persona completamente diferente pero tengo algunos de los mismos valores que ellos me inculcaron.*
> *Sarah H., 15 años*

Una cosa es enseñar a nuestros adolescentes sobre la fe y la Biblia, pero otra muy diferente es obligarlos a amoldarse a nuestras interpretaciones del cristianismo. No estoy hablando de los conceptos básicos de aceptar y seguir a Cristo sino de las reglas culturales y las tradiciones que se añadieron con el paso de los años. Esto sucede cuando los adultos se quedan estancados en algo como el tempo de una canción (como la música cristiana alternativa frente a la música cristiana tradicional) y hacen de esto un problema de fe. Los adultos deciden que ¡no es posible que los adolescentes sean cristianos con esa música rock tan alta que cantan! No se dan cuenta que esos jóvenes de los grupos musicales están completamente entregados a Dios y están ganando miles de almas para Él. Cuando clasificamos a las personas por su apariencia ("Ese muchacho no puede ser cristiano con ese arete en la oreja, el pelo largo, la ropa tan moderna…", cosas así) actuamos como los fariseos y se nos olvida que Cristo mira el corazón y no las apariencias externas.

> *Yo quisiera que ellos me hablaran de su fe. Me gustaría que se sentaran conmigo y me explicaran la Biblia y las cosas que no entiendo.*
>
> *Sam B., 20 años*

¿Cómo pueden los padres enseñar a los adolescentes sobre los fundamentos de la fe cristiana y Dios? Estudiando juntos la Palabra de Dios. Su adolescente tiene que ser responsable en un mundo incrédulo, así que traten temas contemporáneos a la luz de la fe. Esta generación es inteligente. La mayoría espera alcanzar un título de educación superior cuando termine la secundaria. No se conforman con menos en su educación secular, ni tampoco quieren sólo rozar la superficie cuando se trata de la Biblia. Si su grupo de jóvenes ofrece clases de discipulado, apoye a los adolescentes cuando asistan. Compre libros escritos para adolescentes sobre temas relevantes. Invierta en revistas cristianas para jóvenes que atraigan a su adolescente. Enséñele a discernir entre el bien y el mal según lo que está escrito en la Biblia y según la dirección del Espíritu Santo, pero olvídese de conformarse a ninguna otra cosa que no sea la Palabra de Dios.

DEJE QUE ELLOS CONSTRUYAN SU PROPIO ALTAR

> *A mis padres les resulta difícil que yo diga que he aprendido a poner mi vida total y completamente en las manos de Señor y que iré adonde Él me lleve. Para ellos yo debiera añadir mis metas y ambiciones personales a ese plan. Pero*

yo lo veo como una aventura con Jesús como pionero y guía. Yo sé que mi padre tiene una confianza y fe muy íntimas y personales en Cristo porque su vida manifiesta su fe. Sin embargo, mi madre a veces me regaña por recordarle que Dios tiene el control cuando nuestra familia se encentra con un obstáculo muy grande. Yo sé que ella confía en el Señor pero porque yo soy su hija, ella se siente un poco avergonzada, creo yo, de que yo le recuerde que la fe en Dios puede mover montañas.

Lacynda G., 20 años

¿Ha dejado usted que su adolescente construya su propio altar? ¿Anima usted a su adolescente a experimentar a Dios a nivel personal? ¿O en su familia la fe es una lista de reglas que hay que cumplir su familia? ¿Le parece a su adolescente que si no marca todas las casillas lo van a castigar, que es un fracasado o que no hay manera de que pueda llenar las expectativas? ¿Tener una lista de reglas haría que usted deseara correr tras un Dios viviente o haría más difícil la carrera?

Yo creo que los padres deben hacer que sus hijos asistan a la iglesia pero creo que deben dejar que sus hijos empiecen a conocer a Dios a un nivel más íntimo según la manera individual de cada hijo. No hay nada más precioso que cuando el Señor se revela a sí mismo a alguien y la relación de infancia que esta persona tiene con el Señor comienza a convertirse en amor apasionado por Él. Ningún padre o madre puede enseñar eso a su hijo, ni puede imponer el discipulado a su hijo para que eso ocurra. Es una cuestión del corazón.

Melissa E., 19 años

Sencillamente existe una manera mejor. Quite las manos de la relación de su adolescente con Dios y recuerde cómo fue cuando usted se enamoró del Señor. Dedique esa misma energía a su propia relación con Dios. Pase tiempo con Él en oración. Lea la Palabra, no para ganarse una estrella por hacer algo bien, sino sencillamente para conectarse con Dios cada día. Permita que su relación sea tan real que su adolescente comprenda que usted es una persona que conoce a Dios a nivel personal.

Sea un ejemplo para su adolescente. Proporcione un ambiente familiar de fe genuina. Hable de Dios, pero permita que su adolescente lo encuentre de manera tal que nunca quiera soltarse de Él.

Lo que mis padres pudieran hacer para impactar mi fe es darme más libertad con respecto al cristianismo para que yo pueda vivir mi propia fe.
Eleanor T., 16 años

ESCOGER UNA IGLESIA PARA LA FAMILIA

Pregunta: ¿Estás creciendo o cambiando espiritualmente como resultado directo de tu grupo de jóvenes o de tu iglesia?

Yo sé que mi relación con Dios es fundamentalmente responsabilidad mía, pero la iglesia ayuda mucho. Ahora mismo tengo muchos problemas con esto porque la iglesia a la que asisto normalmente ha dejado de funcionar para mí.
Meredith G., 17 anos

Escoger una iglesia como familia es crucial. La mayoría de los adultos están bien establecidos en su fe y no se dan cuenta de que lo que funciona para ellos pudiera no hacerlo para sus hijos. ¿Está su hijo adolescente creciendo en el sentido espiritual como resultado directo de asistir a su iglesia? Aunque el peso principal de instruir a los adolescentes lo tienen los padres, parte de ese trabajo es encontrar una iglesia que ofrezca oportunidades de crecimiento para su hijo adolescente. ¿Existe un programa de discipulado para adolescentes o meten a todo el mundo desde los doce hasta los veintitrés años en una misma clase los domingos por la mañana? ¿Existe un programa juvenil que dedique tiempo, dinero y talento a los adolescentes? ¿Entiende la iglesia la cultura juvenil? ¿Las personas que invierten espiritualmente en su hijo adolescente sienten pasión por los adolescentes o sencillamente están cubriendo una necesidad?

Es triste, pero muchas iglesias no les dan a los jóvenes gran prioridad. Si usted ama a su iglesia pero esta ofrece muy poco para su adolescente, entonces pudiera considerar qué opciones tiene. ¿Existe una iglesia con un grupo de jóvenes en otra parte de la ciudad que está conmocionando al grupo para Cristo? Si es así, ¿consideraría usted el hecho de que su adolescente pudiera encontrar en otro lugar justo lo que necesita para crecer espiritualmente? ¡Imagine las oportunidades si su adolescente se reúne con personas que sienten pasión por Dios, si puede adorar con un grupo musical que llega a un lugar de su alma al que los himnos tradicionales no pueden llegar, o si participa en actividades que son tanto sanas como divertidas!

Yo creo que a uno le debe gustar la iglesia a la que asiste, y por eso para mí es tan difícil. Todo el mundo en mi iglesia es mucho mayor que yo. No hay otros adolescentes que asistan habitualmente. Es muy pequeña, ¡y la detesto! No me gusta ir y es "una lata" todas las semanas. Es tan importante estar en una buena iglesia o no crecerás espiritualmente. Todo el que pueda debe estar en una iglesia donde tenga un buen grupo de jóvenes y buenos amigos de su edad.

April W., 14 años

Pregunta: ¿Cuán importante es que te encante la iglesia a la que asistes?

Esta es una pregunta compleja pero a la vez sencilla. Para mí es muy importante que me guste la iglesia a la que asisto. Si no es así, entonces es menos probable que asista. Yo sé que se supone que tenga que ver con Dios, pero en realidad, estaría allí pensando en cuánto detesto el lugar. Yo estoy creciendo espiritualmente como resultado de mi grupo de jóvenes. Mi pastor de jóvenes es realista. Los demás adolescentes reciben muy bien los estilos raros. No me juzgan por mi apariencia. He notado que le dan a la gente una oportunidad, lo cual me hace sentir bienvenido. Lo que ellos hicieron fue intentar conocer quién soy realmente. Tomaron el tiempo para asegurarse de que yo estuviera bien. No fingen que les importa porque sean cristianos". ¡La gente de mi grupo de jóvenes es real! Sienten lo que dicen.

Pete D., 18 años

Es importante que su adolescente ame la iglesia a la que asista porque un programa de jóvenes y de discipulado excelentes pueden hacer que la vida espiritual de su adolescente florezcan. En muchas ocasiones la razón por la que los adolescentes tambalean es un programa de jóvenes que dista mucho de ser adecuado. Suponemos que ellos deben obtener todo lo que necesitan por su cuenta pero eso hace que sea mucho más difícil de lo que debiera serlo. Si los adolescentes no se sienten a gusto en su iglesia, llegan a detestarla. Si su hijo adolescente no está contento con su iglesia porque él o ella no vive para Dios, eso es algo muy diferente. No obstante, incluso en ese caso, si hay un buen programa de jóvenes, hay personas a quien su adolescente puede volverse cuando esté listo.

Es muy importante que a uno le guste su iglesia porque si no le gusta, ¿cómo va a aprender?
Alicia V., 15 años

¿En qué consiste un buen programa de jóvenes? Un liderazgo y una iglesia que apoyen el programa de jóvenes, así como un equipo y pastores de jóvenes dedicados. Uno de los factores más importantes en el ministerio juvenil es la constancia. La confianza es algo grande para los adolescentes. Ellos no bajarán la guardia hasta que sepan que pueden confiar en usted. Cuando sus programas de jóvenes están compuestos de voluntarios que se rotan, no hay constancia. Si existe un pastor de jóvenes y otros miembros del equipo que llegan a cada servicio organizados, comprometidos e interesados, los adolescentes participan de lleno en el programa juvenil.

¿Y las iglesias más pequeñas que no pueden tener un pastor de jóvenes a tiempo completo? Como alguien que ha trabajado de voluntaria durante casi dos décadas, sé que existen personas apasionadas y capaces que aman a los jóvenes y que se ofrecerán de voluntarias para servir. Examine el programa. ¿Están creciendo sus adolescentes? ¿Los voluntarios tratan al programa de jóvenes como si fuera un ministerio a tiempo completo? Pregúntele a su adolescente si le gusta el programa.

Otro factor son los cultos para jóvenes. ¿Los cultos para jóvenes parecen, se sienten y suenan como los adolescentes? ¿Los cultos para adolescentes son aburridos o son clones de los cultos del domingo por la mañana? ¿Los cultos muestran una comprensión de la cultura y la música de la juventud? ¿Son divertidos, ruidosos y emocionantes, y también espirituales? ¿Atraen a los adolescentes y hacen que estos quieran regresar?

¿Y las actividades adicionales? ¿Hay clases de discipulado (o de Escuela Dominical)? ¿Los adolescentes tienen comunión? ¿Tienen retiros de fin de semana o asisten a campamentos juveniles? Los amigos son una parte crucial del desarrollo espiritual de su adolescente. Los adolescentes no se sienten como el llanero solitario cuando pueden relacionarse con personas que aman a Dios y que los apoyarán en su fe.

A mí me gusta mucho la iglesia a la que voy. Voy a un grupo de jóvenes en una iglesia diferente y en ocasiones creo que crecería más allí. Encontrar una iglesia perfecta no es fácil.
Teddi H., 13 años

Póngalo en práctica

La fe de mi adolescente

1. ¿He permitido que mi adolescente desarrolle su propia fe?
2. ¿Espero que mi adolescente imite mi sistema de creencias?
3. ¿Clasifico las cosas que no entiendo como malas?
4. ¿He escuchado la letra de la adoración o la música cristiana de mi adolescente para tener una mejor comprensión de por qué le gusta?
5. ¿Espero la perfección de parte de mi adolescente en lugar de una relación creciente con Dios?
6. ¿Oro por mi adolescente a diario?
7. ¿Mi adolescente quiere tener cultos familiares? ¿Le he pedido su opinión en cuanto al material que usamos?
8. Si mi adolescente está dispuesto a que ore con él, ¿cuáles son sus necesidades?
9. ¿Le gusta a mi adolescente el programa de jóvenes de la iglesia? ¿Está creciendo como resultado del mismo? ¿Está mi adolescente involucrado en una iglesia para jóvenes y está con personas que influyen en él de manera positiva?
10. ¿Respeto la fe de mi adolescente y sus esfuerzos por conocer a Dios? ¿Se lo digo?
11. ¿Me concentro en mi caminar de fe con Dios para que mi adolescente pueda ver a Dios en mí?

Capítulo once

Restaurar las relaciones destrozadas

Suba el primer escalón por fe. Usted no tiene que ver toda la escalera, sólo suba el primer escalón.
—Martin Luther King Jr. (1929-1968)

Claro que yo estaría dispuesto a empezar de nuevo. Todo el mundo necesita padres.
Mandy H., 18 años

¿Le parece que su relación con su adolescente está destrozada al punto de que no se puede reparar? ¿Está desanimado? Permítame recordarle que servimos a un Dios que tiene el universo en sus manos, y por grande que parezca, Él siente compasión por todas las personas. A Él le interesa lo que está sucediendo en su hogar. La restauración es posible, porque restaurar lo destruido es la especialidad de Dios.

Su relación dañada con su adolescente pudiera ser el resultado de errores que usted cometió en el pasado. Pudiera ser que su adolescente ha provocado un caos tan grande en su casa que usted está a punto de darse por vencido. Tal vez usted no tenga idea de cómo se rompió la relación o de cómo arreglar las cosas. Independientemente de la situación, hay esperanza. Incluso si su adolescente está rebelándose ahora mismo o si le ha dejado fuera de su vida, hay pasos que pueden darse para sanar esa relación.

El primer paso es concentrarse en la relación y no en una lista de quejas. Las quejas sólo son un síntoma de un problema mayor que consiste en una relación dañada o rota. En muchas ocasiones los padres acusan o recurren a los insultos ("Eres egoísta y malo"), la culpa ("Estás destruyendo nuestra familia"), las luchas o peleas, el asilamiento (viven como extraños en una misma casa) o lo que es peor, los padres se dan por vencidos. Todos estos métodos abren una brecha entre usted y su adolescente. Nada se resuelve y su relación se subordina a sus sentimientos y su reacción inmediatos. Usted ataca o se retrae y su adolescente reacciona de la misma manera. La relación fracturada se desintegra aun más.

> *Pareciera que como somos familia, sabemos qué cosas molestarán a la otra persona, así que al pelear, tratamos de darle a la otra persona donde le duele, y eso está mal.*
> *Beth R., 17 años*

Existen dos maneras de lidiar con las dificultades. Podemos cambiar la dificultad o podemos cambiarnos a nosotros mismos para enfrentarnos a la dificultad. Puede ser que no tengamos idea de cómo cambiar las circunstancias. No tenemos el poder de cambiar lo que sucedió ayer. Sin embargo, podemos afectar el mañana cuando ajustamos nuestras actitudes y nuestros métodos. La manera en que un padre aborde el proceso de sanidad puede enmendar la relación o disolverla por completo.

CUANDO USTED ES RESPONSABLE DEL DOLOR

Pregunta: Si tus padres cometieron errores que te dolieron (divorcio, abuso, adicciones), ¿qué pueden hacer si quieren comenzar de nuevo? ¿Estarías dispuesto a comenzar de nuevo en tu relación?

Primero [yo necesitaría] ver una transformación completa. Sin más señales ni indicios de lo que hicieron. Segundo, una disculpa sentida, cara a cara, sin excusas, reconociendo que estaban equivocados y que pidan perdón. Luego entonces tratar de reconstruir. Tienen que saber que el hijo todavía sentirá las heridas por un tiempo y tienen que tener paciencia.
Michelle H., 17 años

Parada junto a la tumba de mi padre biológico yo no sentía nada. Estaba triste porque el hombre había muerto, pero no podía sentir un falso remordimiento por la pérdida de una relación que nunca existió. En su servicio fúnebre tocaron la vieja canción de Frank Sinatra "A mi manera". Parecía una declaración apropiada. Él tuvo siete hijos de tres matrimonios diferentes. Los tres que él crió recibieron lo mejor y lo peor de ser hijos suyos. Los otros cuatro eran extraños para él y entre sí. Durante los últimos cuarenta años yo hablé con él en tres ocasiones diferentes, todas por iniciativa mía. Parada junto a su tumba yo pensaba en mis propios hijos. No podía imaginar no conocerlos. Ellos son una parte tan integral de mi vida que yo estaría vacía sin ellos.

Mi verdadera madre decidió vivir una vida oscura y llena de drogas en lugar de mantenerme en su vida.
Jenell E., 16 años

Durante el culto en el cementerio busqué a las hijas más jóvenes de mi padre, chicas que tenían la edad de mis hijos, pero al final me di cuenta de que no habían ido al entierro. Él era un extrañó para ellas, tal y como lo era para mí. Cuando me fui ese día me preguntaba si alguna vez él lamentó esa sarta de relaciones rotas.

Es más fácil quedarnos así que cambiar ahora porque sólo me quedan dos años más en la secundaria y luego me voy. Yo podría escribir durante horas sobre este tema sobre las cosas que mis padres han hecho que me han herido, pero le voy a ahorra el tiempo.
Mercy D., 15 años

Cuando mi padre murió yo era columnista de un periódico de la ciudad. Expresé mis sentimientos a mis lectores, e hice un contraste entre mi padre biológico y mi padre de verdad. Mi padre de verdad no se parece a mí. Él es bajito y tiene los ojos azules; yo soy alta y tengo los ojos color avellana. Desde el momento en que él caminó hasta el altar para casarse con mi madre, se convirtió en papá para las dos niñitas que venían con el paquete. Su papel de padre no tuvo nada que ver con mi concepción, tuvo que ver con estar a mi lado cada día, con disciplina y amor, con revisar los frenos y las ruedas cuando compré mi primer auto. Su rol de padre fue entregarme en el altar, estar para el nacimiento de mis hijos, llorar conmigo cuando supe que tenía cáncer, y las llamadas telefónicas que todavía recibo hoy y que terminan con "te quiero, nena".

Los padres ausentes respondieron a aquel escrito a montones. Contaron su historia, me aseguraban que mi padre biológico debe haber sentido remordimiento porque ellos lo sentían. Muchos dijeron que mi historia de estar parada junto a la tumba de mi padre los impulsó a llamar a sus propios hijos antes de que fuera demasiado tarde.

Hay muchos padres que viven con remordimientos porque sus circunstancias dejaron una huella en el corazón y la mente de sus hijos. Los hogares destrozados, las relaciones arruinadas, las adicciones, el abuso y las decisiones egoístas, todos moldean a los hijos que se ven obligados a participar en el drama. Son demasiado jóvenes para irse y demasiado indefensos para mejorar la situación. A veces quedan abandonados y se preguntan qué hicieron para que sus padres los abandonaran.

> *Mi padre tenía un temperamento terrible. Era abusador la mayoría de las veces. Recuerdo que yo era muy pequeña, quizá de tres o cuatro años, y mi papá comenzó a gritarle a mi mamá. Empezó a lanzar latas para todas partes. Mi hermano y mi hermana estaban escondidos detrás del televisor, y yo estaba sentada a la mesa y empecé a llorar. Mi padre se me paró delante y comenzó a gritar que yo no debía llorar, que tenía que ser fuerte y que me estaba portando como un bebé. Me dijo que lo había decepcionado mucho. Después que dijo eso yo me levanté y dejé de llorar, fui a la sala y me senté en una silla. Lo veía perder el control y veía llorar a*

mi hermano y a mi hermana que eran mayores. Después de eso siempre me he negado a llorar. Cuando lo hago me culpo por hacerlo y me castigo de alguna manera. Ahora tengo un problema con ser demasiado fuerte. Mi padre aprendió a controlar su temperamento porque mi madre lo dejó hasta que así fuera. Ella no nos llevó ni a mí ni a mi hermano ni a mi hermana con ella. Nos dejó con él.

Lisa T., 15 años

Reestablecer las relaciones toma tiempo y una conducta coherente ya que uno está borrando recuerdos y reemplazándolos con recuerdos nuevos. Cuando un padre cambia su vida, es algo maravilloso pero es sólo el comienzo del proceso de reconstrucción. Reconstruir su relación no es un proceso complicado, pero tampoco es fácil. Puede ser que al principio su adolescente no confíe en usted. Cuando las personas que debían cuidarlo a uno le hacen daño, uno construye una concha dura alrededor de sus emociones. Es un mecanismo de defensa. Uno decide no ser vulnerable porque bajar la guardia provoca dolor. Muchas veces cuando uno ve a un adolescente hostil y enojado, no está viendo el verdadero corazón de ese adolescente. Es una máscara. Es una señal clara de que muy dentro está sufriendo.

Yo esperaría que ellos enmendaran su manera de actuar y se respetaran a sí mismos y el uno al otro antes de intentar volver a componer la relación.

Kayla T., 15 años

Puede que su adolescente cuestione su motivación. Aunque le alegra que usted haya cambiado, todavía tiene la marca de las reacciones o conductas pasadas y eso toma tiempo para enmendar. Su hijo pudiera retarlo para ver cómo usted reacciona; lo que quiere ver es si surgen los antiguos patrones. Sin embargo, usted debe enfocarse en el proceso de reconstrucción. A medida que se vuelva más fuerte, su adolescente responderá a los cambios definitivos que vea en usted.

Si cometió errores en el pasado que hirieron a su familia, hay cuatro cosas que los adolescentes esperan que sucedan a medida que se restaura la relación.

PRIMERO: CAMBIOS TANGIBLES

Mis padres impactarían mi fe sólo con vivir una vida cristiana. Si yo fuera una persona que observa su vida desde fuera, no sabría que son cristianos.

Steven S., 16 años

Cuando nosotros éramos pequeños mi madre era frágil. La vida era caótica y difícil a veces. Sin embargo, cuando hoy miro a mi madre, veo fortaleza. Yo sé sin dudas que esta hermosa mujer me ama. Ella lo muestra de muchas maneras diferentes. Expresa su amor por medio de notas y correos electrónicos. Tengo cosas que me la traen a la mente, como una frazada color vino tinto tejida a crochet por manos que sienten el dolor de la artritis. La frazada es un regalo que atesoro, pero el mayor regalo que me dio mi madre es una vida que ya no está destrozada. Su vida fue transformada mediante su relación con Dios. Al comienzo yo no estaba segura si los cambios eran genuinos, pero con el tiempo olvidé cómo habían sido las cosas en otro tiempo. Los cambios en ella eran tan tangibles que transformaron mi percepción de la mujer que yo había conocido una vez.

Mi hogar era mi refugio seguro hasta que cumplí unos catorce años cuando mi madre comenzó a experimentar los primeros síntomas de la menopausia y volcó su frustración y sus emociones espontáneas en su familia y su matrimonio. Yo le suplicaba que me dejara pasar la noche con mis amigas para escapar de los gritos y del abuso verbal. Pero Dios ha hecho una obra grande en mi familia y cuando yo tenía diecinueve años mi hogar poco a poco volvió a convertirse en un refugio seguro. Yo creo que el hogar no es un lugar sino una familia, un grupo de personas unidas por el amor.

Lacynda B., 20 años

Las cosas dichas de los dientes para afuera no significan nada para los adolescentes. Sólo fortalecen su decisión de no confiar en aquellos que usan las palabras "te quiero" y "lo siento; volví a hacerlo" una y otra vez. Ganarse el corazón de su adolescente sucederá a medida que él vea pasos positivos en usted para reconstruir su vida.

Si mis padres hicieran algo que me dañara, yo creo que estaría dispuesto a empezar de nuevo esa relación. Pero implicaría pasos de parte de ellos. Tendrían que arrepentirse de corazón, sin echarle la culpa a otras personas. Tendrían que arrepentirse y dar el ejemplo de cómo comenzar a restaurar nuestra relación porque ellos siguen siendo mis líderes. Yo necesitaría saber que les interesa mi seguridad. Es decir, según cómo fui dañado, ellos tendrían que evitar por completo cualquier situación en la que pudiera ocurrir algo semejante. Esto no sólo muestra la preocupación de ellos por no herirme, sino que también hace que la persona abusada o herida se sienta más cómoda y a gusto. Ya sea que los chicos lo reconozcan o no, nunca he conocido a un adolescente herido que no quiera ver restaurada la relación con sus padres. Sus palabras no lo muestran, pero sus acciones posteriores sí. Por lo que he visto en le pasado con mis amigos, se necesita mucho trabajo y atención de parte de los padres. Puede no ser justo, pero sé que es mucho más fácil para el padre dar el ejemplo de esta manera que para el adolescente.

Keith J., 21 años

Examine detalladamente dónde cometió errores y dé los pasos necesarios para mantenerse alejado de cualquier cosa que pudiera volver a llevarlo por el mismo camino. Si usted era alcohólico, pudiera no parecerle gran cosa estar cerca de donde se consuman bebidas. Quizá crea que es lo suficientemente fuerte como para soportar la tentación, o que tomar un trago no lo arrastrará. Pero para su adolescente un trago o el estar en un ambiente en que el alcohol se sirva libremente le provoca ansiedad porque la imagen de usted y el alcohol le causa dolor. Es un recuerdo tangible del pasado y se pregunta si usted caerá de nuevo. Haga lo que sea necesario para ayudar a su hijo a sentirse confiado y estable al dar un giro en u y mantenerse alejado de las cosas que lo hieren a usted y a su familia. La transformación es un proceso, pero cuando su adolescente lo ve volviéndose a Dios en busca de ayuda y haciendo cambios positivos, usted lo animará en su propia trayectoria de sanidad. Aprenderá a confiar nuevamente a medida que crezcan juntos.

Mi mamá solía acudir al alcohol cuando se sentía mal y después de eso venían cosas malas. Pero cuando ella aceptó a Cristo, empezó a acudir a Él y yo vi en eso una gran herramienta de testimonio. Ella cambió por completo la manera en que lidiaba con las cosas porque siempre acudía a Dios, incluso en los momentos más difíciles y me enseñó mucho porque yo vi los cambios en ella.

Vicki M., 21 años

SEGUNDO: SEA SINCERO

¿Un nuevo comienzo? Bueno, a mí me toma tiempo olvidar y perdonar, así que no sé realmente qué pudieran hacer ellos. Probablemente sólo mostrarme que realmente lo sienten y luego demostrármelo en su vida.

Stan T., 15 años

Ser sincero en cuanto a sus errores pasados no significa que tenga que llevarlos como una letra escarlata en su pecho. Significa que usted reconoce lo que sucedió sin excusas ni justificación. Cuando usted asume la responsabilidad, su adolescente lo respetará por ello. Ser abierto con relación al pasado le permite hablar del problema desde la perspectiva de su adolescente. Estas conversaciones pudieran ser dolorosas o incómodas, pero de esa manera no se permite que el asunto se encone bajo la superficie. Cuando se discute, sufre una muerte natural y ya no ensombrece a su familia.

Cuando usted es sincero en cuanto a sus errores, su adolescente tendrá una perspectiva diferente en cuanto a los hechos. Él sólo puede ver sus errores según se identifique con ellos, pero no lo tome a nivel personal. Ya no se trata de usted. Usted está hablando de alguien que ha vuelto a nacer. Es como ir a un médico cuando le han dado un corazón completamente nuevo. El corazón viejo y enfermo ya no existe pero usted habla de lo que provocó la enfermedad y hace planes para que su nuevo corazón se mantenga saludable y completo. Ser sincero acerca del pasado es una buena medicina y lo lleva al próximo paso.

TERCERO: PIDA, ACEPTE Y OFREZCA PERDÓN

Probablemente yo sólo hablaría de lo que sucedió y oraríamos juntos. Creo que me sentiría desilusionado pero los perdonaría.

Derek H., 16 años

Pida perdón

> *Si mis padres hicieran algo que dañara nuestra relación, me gustaría decir que estaría dispuesto a comenzar de nuevo y me esforzaría al máximo. Puede ser difícil olvidar el pasado. Yo creo que ese sería mi mayor problema. Ellos podrían ayudarme y mostrarme que nunca más dejarían que algo así sucediera. Tendrían que volver a ganarse mi confianza.*
>
> *Amber T., 16 años*

El verdadero arrepentimiento es una actitud aparejada con la acción. No hay duda de que Dios lo ha perdonado pero, ¿se ha tomado el tiempo de pedirle a su adolescente que lo perdone? Quizá usted dude porque le parece que él o ella tal vez no esté listo para perdonar, pero pedir perdón no tiene nada que ver con la reacción de su hijo. Es una actitud de corazón de parte de usted. Es hacerle saber a su adolescente que usted lamenta haber causado algún daño a la relación entre ustedes. Incluso si él escoge no confiar en usted en este momento, usted ha demostrado un corazón que dice: "Cuando estés listo, yo estoy aquí". Usted ha tomado la iniciativa y mediante su ejemplo está mostrándole cómo reestablecer su relación.

Acepte el perdón

En ocasiones es más fácil pedirles perdón a otros que recibirlo. Una joven contó su historia. "Hubo ocasiones en las que mi mamá tenía arrebatos de cólera y se deprimía descontroladamente e incluso amenazaba con suicidarse. Vivir en mi casa era algo inestable, en el mejor de los casos, y atemorizante en otros". La chica pasaba horas en el altar llorando por la vida de su hogar y por su mamá, preocupada que algún día su madre llevaría a cabo sus amenazas y se suicidaría. Un día la madre la acompañó a la iglesia para ver a su hija actuar en un drama y allí ella aceptó a Cristo como su Salvador.

Durante los meses siguientes la madre cambió su vida por completo pero luchaba con el perdón. "Yo detestaba seguir atascada con los viejos recuerdos", decía su hija. "Cuando mi madre los saca a la luz una y otra vez, y me pide perdón por lo que hizo, es un recordatorio. Yo quiero seguir adelante y comenzar la nueva etapa de nuestra relación pero todavía no ha sucedido".

Aceptar el perdón significa dejar atrás el pasado. No confunda ser sincero en cuanto a sus errores con llevar la culpa como si fuera un gemelo siamés. Usted es una persona nueva, con borrón y cuenta nueva. Dios lo ha perdonado y es hora de aceptar ese perdón para poder convertirse en la persona y en el padre o madre que Dios siempre ha querido que usted sea.

Ofrezca el perdón

Los errores que usted cometió quizá no fueron su culpa del todo. Nosotros podemos aferrarnos a nuestras heridas o podemos modelar el perdón. Mi pasado me ha moldeado. Me ayudó a sentir compasión por los adolescentes que sufren. Me inspiró a llegar a los adolescentes y creer en ellos. Sin embargo, llega un momento en el que uno deja atrás los detalles grotescos y se ve a sí mismo como es ahora. Usted aprieta el botón de adelantar y deja atrás aquellas cosas que lo agobian.

Cuando escogemos perdonar a otros, soltamos esos recuerdos dolorosos. Ya no tienen poder para echar raíces de amargura en nuestra vida. El pasado ya no tiene la capacidad de controlar nuestras acciones o emociones. Perdonar a aquellos que lo hieren le ayuda a detener el ciclo. Cuando usted perdona no le pasa un legado de amargura a sus hijos.

Perdonar no quiere decir que usted invite nuevamente a su vida a aquellos que le hicieron daño a usted o a su adolescente si no han cambiado. Como padres, su primera responsabilidad es proteger a sus hijos. Usted puede modelar el perdón al soltar la ira. Si quienes le hicieron daño cambian, entonces usted ya los perdonó y tendrá la oportunidad de ofrecer una pequeña porción de lo que ha recibido: gracia inmerecida.

CUARTO: NO ESPERE RESULTADOS DE UN DÍA PARA OTRO

> *Sí, yo estaría dispuesta a empezar de nuevo en nuestra relación. Quisiera que ellos demostraran que todavía les importo y que no me harán daño otra vez.*
>
> *Linda S., 14 años*

Los cambios en su relación serán graduales. Algunos cambios ocurrirán por rachas mientras que otros se producirán con el tiempo. Usted no es el único que está recibiendo sanidad. Su adolescente también está en un proceso de sanarse. Está aprendiendo a confiar. Al principio será cauteloso. Dé pasos pequeños y permita que el proceso de restauración se produzca naturalmente.

> *Siempre depende de lo que hayan hecho para romper la relación. En mi caso nada me gustaría más que mi padre viniera a mí un día, me sentara y simplemente se disculpara ante mí por lo que ha hecho en lugar de tratar de compensarlo al protegerme y amarme demasiado. Si se sentara un día y me dijera: "Mira, sé que lo que hice estuvo mal y sé que nunca podré compensarte por eso. Metí la pata pero quisiera que supieras que me gustaría comenzar otra vez, incluso si no puedo compensarte, lo intentaré". Nos daríamos un abrazo y un beso y aunque los recuerdos no desaparecerán, sería como clausurar el pasado.*
> *Lisa T., 15 años*

No lo obligue ni trate de compensar de forma excesiva. Permita que la relación sane por capas. Una vez que su adolescente descubra que su progreso es genuino, la concha protectora se caerá poco a poco hasta que no haya nada entre ustedes.

CUANDO USTED NO ESTÁ SEGURO DE QUIÉN TIENE LA CULPA

> *Oh, sí, mi madre y yo a veces no nos llevamos bien ¡y no tengo idea por qué pasa eso! Creo que es porque nuestras personalidades chocan.*
> *Sarah A., 15 años*

Leslie y yo estábamos en una batalla aunque ninguna de las dos participaba voluntariamente. En mi mente yo contaba los motivos que ella tenía para estar agradecida de que yo fuera su mamá. Ella podía haber hecho una lista de por qué yo debía estar feliz de tenerla por hija. Lo extraño era que ambas nos amábamos y que queríamos que las cosas mejoraran. Siempre habíamos sido unidas pero ahora ella se había replegado en silencio. Yo la escuchaba riéndose con su hermana tras la puerta cerrada de su dormitorio y sufría por la pérdida de la relación estrecha que una vez habíamos tenido. Algunos habrían pensando que yo era tonta por pensar que algo andaba mal. Ella tenía éxito en sus clases. Amaba a Dios. Le iba bien en la escuela y en todos los demás aspectos de su vida. Sin embargo, había una tensión subyacente en nuestro hogar y me entristecía.

Yo sé que ellos todavía me aman. Yo siempre estaría dispuesto a empezar de nuevo y volverlo a intentar.
Samuel B. 20 años

Aunque había trabajado con adolescentes durante años, no podía descubrir cómo conectarme con mi propia hija. Otros adolescentes me rodeaban los miércoles por la noche, sonreían cuando yo entraba, corrían a mí y me daban un abrazo. Era un privilegio hablarles de mi fe, animarlos y aprender de ellos. Padres y adolescentes comentaban qué "afortunados" eran mis hijos al tenernos a Richard y a mí en su vida. Sin embargo, yo sabía que Leslie no se sentía afortunada en lo absoluto. Y eso era lo que me entristecía. Yo no tenía idea de cómo solucionarlo.

Un día le confié a nuestro pastor de jóvenes que yo necesitaba ayuda. Le pregunté si tenía algunos libros o videos que me pudiera prestar. Estaba dispuesta a cualquier cosa, con excepción de lo que sugirió después. Me preguntó si yo estaría dispuesta a reunirme con otros padres de adolescentes semanalmente para liderar un grupo de célula. Esa solución no me parecía muy brillante, sobre todo a la luz del hecho de que yo me sentía fracasada. Pero estaba desesperada, así que acepté su oferta.

Todas las semanas un grupo de adultos se encontraba en el pequeño salón. Nuestros hijos iban desde los años de la preadolescencia hasta adultos jóvenes. Los padres se matricularon en la clase por diversos motivos. Algunos temían a los años de la adolescencia que se acercaban. Otros luchaban con problemas que iban desde la falta de comunicación hasta problemas graves de adicción o rebelión declarada. El denominador común para todos estos padres era un deseo de relacionarse con sus adolescentes.

No me tomó mucho tiempo el percatarme de que yo tenía una ventaja única. Yo conocía a los adolescentes a nivel personal. Me habían confiado sus necesidades, esperanzas y deseos como miembro del equipo juvenil y líder de discipulado. A medida que los padres hablaban de los problemas o asuntos que enfrentaban, yo mentalmente podía visualizar el cuadro completo porque había escuchado a ambas partes. Cuando las dos mitades de una historia se unían, el cuadro lucía un tanto diferente del que el padre pintaba.

> *Si yo pudiera decirle una cosa a mi papá sería que a veces me trata de forma injusta. Muchas veces trata con favoritismo a mi hermano. Mi hermano se parece más a él así que él prefiere estar con mi hermano que conmigo, aunque trata de no demostrarlo. Yo quiero que nos trate a ambos de igual manera.*
>
> *Derek H., 16 años*

Es posible que cada persona tenga una imagen distorsionada del problema. Las percepciones se basan en las emociones y en nuestra perspectiva de adultos, padres o adolescentes. Es más fácil encontrar una solución cuando se ponen juntas todas las piezas.

Una de las madres de la clase estaba frustrada porque le parecía que su hija adolescente no ayudaba lo suficiente en la casa. La chica estaba haciendo cursos avanzados en la secundaria para ayudarse a ganar becas para la universidad. Sus intenciones eran ahorrar dinero porque su familia tenía ingresos modestos. Ella estaba abrumada con las tareas. Si no salía bien en sus clases, sus esfuerzos fracasarían. La presión de limpiar la casa, terminar tres horas de tarea, tener un trabajo a tiempo parcial para pagar el seguro de su auto y asistir a la iglesia le estaba provocando estrés. Cuando la madre escuchó su lado de la historia pudieron llegar a un arreglo porque ambas comprendían mejor la situación. Si la hija hubiera estado jugando juegos de video y se quedara durmiendo el sábado hasta las 2:00 p.m., entonces la situación hubiera sido diferente y habría resultados diferentes.

Un día me di cuenta. Yo había sido igual de ciega con mi propia hija. Estaba tan enfocada en tratar de arreglarla que no la había escuchado en lo absoluto. Sentí vergüenza cuando recordé las veces que ella me había dicho: "Ni siquiera estás escuchando lo que estoy diciendo, mamá". El cuadro podía lucir completamente diferente si yo le permitía a Leslie que me diera una pista. Al enfocarme en el verdadero problema, la ruptura de la comunicación en nuestra relación, tuvimos la oportunidad de trabajar juntas para encontrar respuestas.

Descubrí que Leslie quería más libertad. Yo le había dicho que no podía ir a un evento porque no estaba segura de todos los detalles. Ella se sintió herida porque no tenía intenciones de hacer nada malo. Pensaba que yo no confiaba en ella. Esto la enojó porque ella había demostrado ser lo suficientemente responsable como para tomar buenas decisiones. Mientras más lo pensaba, más enojada se ponía. Leslie sentía que la estaba tratando como una niña. Una vez que conversamos le hice saber que yo reconocía el hecho de que ella no me daba preocupaciones y que confiaba en ella por completo. Ella inmediatamente bajó la guardia mientras elaboramos un plan que le daría mayor libertad pero que también abriría las líneas de comunicación para que ambas entendiéramos lo que estaba pasando.

Nuestra meta en estas clases para padres se convirtió en enfocarnos en la situación desde diferentes puntos de vista, incluir a nuestros adolescentes en los debates y trabajar en nuestras relaciones en lugar de enfocarnos en los síntomas. A medida que las clases progresaban yo seguía aplicando esto en la crianza de mis propios hijos. Trataba de escuchar de forma activa y de trabajar con mis adolescentes para fortalecer nuestras relaciones. Si algo surgía, yo conversaba con ellos al respecto en lugar de desarrollar en mi mente una lista de ofensas. Mis tres hijos adolescentes notaron cuánto yo había "mejorado" al dirigir la clase para los padres. Yo había comenzado la clase para arreglar a mi hija pero fui yo quien salió cambiada. Cuando dejé de guiar el grupo de célula, mi hijo bromeaba conmigo si yo comenzaba a desviarme y a enfocarme en las cosas equivocadas: "Mamá, ¿no te parece que debieras volver a formar un grupo así? Creo que quizás necesites un curso de actualización".

CUANDO SU HIJO ADOLESCENTE ES RESPONSABLE

> *Yo he tomado algunas malas decisiones pero mis padres realmente no pueden ayudarme con ellas. Fueron las decisiones que tomé y si ellos pudieran ayudar, yo los dejaría, pero no pueden.*
>
> *Tim B., 16 años*

Si su adolescente ha roto la relación y se está rebelando, los pasos de este libro lo ayudarán. Cada aspecto lo ayudará: el escuchar y comunicarse, el establecer pautas y límites en la familia, el mostrar un amor incondicional y orar sin cesar. Todas estas cosas lo ayudarán a mantener la coherencia a pesar de la actitud o las acciones de su adolescente. Usted puede moderar la conducta de su adolescente dentro del hogar y establecer expectativas para la manera en que él lo trata a usted y a otros miembros de la familia. También puede enfocarse en su relación con Dios y crecer en su andar personal de manera que su adolescente pueda ver a Dios en usted. Su papel es permanecer constante hasta que él esté dispuesto a cambiar.

> *Yo quería romper las reglas de ellos y lo hice. Supongo que fue culpa mía, tenía dieciocho años y pensé que podía tomar mis propias decisiones en la vida.*
> *Brianne S., 20 años*

Si su adolescente no cambia, recuerde que cuando él rechaza a Dios y al plan que Él tiene para su vida, eso no quiere decir que lo ha rechazado a usted. Son dos asuntos diferentes. Él tiene libertad para escoger cuándo servir a Dios. Usted será su ejemplo de fe y fortaleza mientras él encuentra su camino. Ore por él cada día. Viva y modele una conducta que refleje a Cristo. No tome el rechazo a Dios como algo personal. Cuando actúe incorrectamente, deje que asuma la responsabilidad pero no permita que la conducta de su adolescente controle la suya. Usted no puede cambiar su corazón pero la manera en que le responda puede afectar el deseo de su hijo de cambiar.

La madre de David, un chico de diecinueve años, asistía a la iglesia pero el padre no. La madre de David era fiel en su relación con Dios pero sus dos hijos seguían los pasos del padre y decidieron que Dios no era una opción. La hija mayor salió embarazada y se casó en cuanto terminó la secundaria. David asistió un tiempo a la iglesia pero luego dejó de hacerlo. Pronto andaba con chicos de la escuela y en fiestas en las que se fumaba marihuana. David dijo que su madre no se dio por vencida con él ni con su hermana. Ella les mostraba un amor abundante y los aceptaba en su familia. "Cuando yo entro por la puerta, puedo contar con que mi mamá estará sonriendo. Ella es sincera. Ella anima a todos los que están a su alrededor. Cuando pienso en Dios, pienso en mi mamá", dijo David. Aunque él todavía no está sirviendo a Dios, David no está lejos de tomar una decisión porque el andar de fe constante de su mamá le muestra que Dios es real.

> *Dígales que cuando tengo problemas deben asegurarme y dejarme ver que todavía les importo, pase lo que pase, y que también oren por mí, claro.*
> *Adam D., 18 años*

NUNCA RENUNCIE A LA ESPERANZA

Un padre me contó su dilema. Siempre había tenido una relación estrecha con sus hijos pero estaba preocupado porque su hija estaba tan ocupada que apenas conversaban. Se preguntaba si su hija incluso lo necesitaba. Después yo escuché a esta chica hablando de sus padres. Ella decía: "Yo amo a mi mamá, pero mi verdadero héroe es mi papá. Lo quiero tanto". Este padre no tenía idea de los sentimientos de su hija.

El mayor regalo que podemos darnos es la esperanza. Nunca sabemos qué nos espera a nosotros ni a nuestros adolescentes a la vuelta de la esquina. Es fácil que las circunstancias nos impidan ver y nos olvidemos de las promesas de Dios. Dios ama a su adolescente más de lo que usted lo ama. Él ha prometido que nunca nos abandonará ni nos desamparará, así que haga de Dios su compañero en le proceso de sanidad.

Todos los adolescentes con quienes he conversado anhelan relacionarse con su mamá y su papá. Están dispuestos a perdonar y a seguir adelante, pero la mayoría no sabe cómo hacerlo. A veces sólo vemos una parte del cuatro. No nos damos cuenta que para los adolescentes somos sus héroes.

Póngalo en práctica

Revisión de la relación

¿Me he enfocado en los síntomas en lugar de enfocarme en la relación?

¿Quiero arreglar a mi adolescente? ¿Estoy abierto a más bien arreglar la relación?

¿Qué veo como el problema en la relación?

¿Qué cree mi adolescente que sea el problema?

¿Hay pasos prácticos que podemos dar juntos para sanar nuestra relación?

Si yo soy la causa de la relación destruida, ¿he sido sincero con respecto a lo que yo haya podido hacer para causar el dolor?

¿Le he pedido perdón a mi adolescente?

¿He aceptado el perdón de Dios? ¿Comprendo que Dios me ama?

¿Estoy dispuesto a seguir adelante y soltar el pasado?

¿Doy excusas o justifico mi conducta?

¿Cuándo mi adolescente rechaza a Dios, lo tomo como algo personal?

¿Estoy pasando tiempo personal con Dios cada día para encontrar la fortaleza, el consuelo y el gozo que necesito?
¿Le he dicho a mi adolescente hoy que lo amo? ¿Le he sonreído hoy?
¿Me he conectado hoy con mi adolescente por medio de un abrazo, un toque en el hombre o en la mano?

Yo sé que tú me escuchas: Una oración

Amado Padre celestial, yo sé que tú me escuchas cuando clamo a ti. Pongo mi relación con mi adolescente delante de ti y te pido que me des tu dirección divina. Ayúdame a ver el cuadro completo. Ayúdame a escuchar el corazón y el clamor de mi adolescente si está sufriendo. Perdóname por cualquier cosa que yo haya hecho para causar su dolor y te doy gracias por un nuevo comienzo. Sé que esa es tu especialidad. Tú puedes tomar nuestra vida hecha añicos y volverla a armar. Tú recreas todas las cosas.

Te pido que me ayudes a prodigar amor a mi familia. No palabras falsas ni esfuerzos con motivos equivocados, sino un amor genuino que sólo venga de ti. Ayúdame a perdonar las deudas que tengo contra aquellos que me hacen daño. Ayúdame a buscar perdón de aquellos a quienes yo he hecho daño. Te entrego mi pasado y cada herida. Ya no los quiero. No me toca llevarlos. Te pido que reemplaces esas heridas con gozo, paz y un amor que se desborde en mi vida.

Si mi adolescente está lejos de ti, te pido que lo hagas regresar a ti. Protégelo, guíalo y cuídalo. Y recuérdale tu amor. Pon personas en su camino que lo guíen de vuelta a ti. Permíteme ser un ejemplo. Ayúdame a ser constante.

Te pido que cuando yo quiera hacer de las decisiones de mi adolescente o de su conducta un asunto personal, me recuerdes cuántas veces yo te he fallado y no obstante, cuánto tú me amas.

Capítulo doce

Si pudiera decir una sola cosa

He descubierto la paradoja de que si amo hasta que duela, entonces no hay dolor, sólo más amor.
—La Madre Teresa

ℰ

✤ Pregunta: Si pudieras decirles a tus padres sólo una cosa, ¿qué sería?

Hemos hablado de muchos temas. Los adolescentes derramaron sus pensamientos mientras expresaban a sus padres y a mí lo que necesitaban, pero hemos dejado para el final la pregunta mejor. Por lo general las últimas palabras de una persona son las más importantes. Todo lo que es trivial queda a un lado cuando los seres queridos expresan aquello que quieren que usted se lleve en su corazón cuando ellos ya no estén. Así que les pedí a los adolescentes que me dijeran qué les dirían a sus padres si sólo pudieran decir una cosa. ¿Cuáles serían las palabras más importantes que tiene esta generación para las mamás y los papás?

Las respuestas fueron sencillas y uniformes: *Ten paciencia conmigo. Gracias por interesarte. Te amo.* El mensaje en general fue que su hijo adolescente lo ama y lo necesita en su vida. A continuación véanse las últimas palabras que cientos de adolescentes dijeron directamente al corazón de sus padres.

LO ESTOY INTENTANDO

Les diría que yo me esfuerzo mucho por no cometer errores.
Ana N., 15 años

Los adolescentes quieren que usted sepa que son jóvenes y que cometen errores, pero que realmente se están esforzando. Su deseo es agradarle. Ellos están aprendiendo. Hay ocasiones en que se sienten tan frustrados con sus errores como usted, tal vez más, porque sienten que son unos fracasados cuando le fallan. Los adolescentes esperan que usted vea las cosas que hacen bien y que los ayude a medida que crecen para llegar a ser adultos jóvenes. Tal vez no se lo pidan, pero esperan tener apoyo de su parte.

Los adolescentes están buscando gente que crea en ellos y usted, como padre, es la mejor persona para ese trabajo. También están buscando alguien con quien conversar, y esperan que pudiera ser usted. Saben que usted tiene respuestas, pero no están seguros de cómo conversar con usted porque el problema es tan grande.

Tengo un problema que hace poco comencé a vencer por medio de Cristo. He querido contarte desde el primer día, cinco años de tiempo y energía perdidos.
Travis R.., 18 años

Su adolescente espera que cuando usted lo mire vea una obra en formación pero también una promesa de lo que está por venir.

NO SEA TAN DURO CONSIGO MISMO

Sólo porque no soy perfecta no significa que hayas fracasado al criarme. No existe una manera ya escrita de ser padre. Has hecho un buen trabajo y te amo. Gracias.
Sara H., 15 años

Los adolescentes quieren que los padres sepan que ellos reconocen sus esfuerzos. Si usted está tratando de criar a su adolescente de la mejor manera posible, él lo entiende. Quizá usted cometa un error de vez en cuando, pero está bien porque es probable que él mismo también cometa errores. Lo que los adolescentes no quieren es que usted se juzgue a sí mismo en base a las acciones de ellos. Quizá su adolescente no se lo diga pero él piensa que usted está haciendo un buen trabajo. Él está escuchando lo que usted está diciendo, incluso cuando hace lo contrario.

> *Con toda honestidad, yo quiero hacer lo correcto y me propongo hacerlo, pero soy un adolescente y cometer errores en el camino y aprender de ellos es parte del crecimiento. Ustedes siempre han sido mis mayores guerreros de oración y durante mi etapa de rebelión creo que eso fue lo que me mantuvo a salvo.*
> *Beth R., 17 años*

Es verdad que muchos de los adolescentes han cometido errores. Quieren que usted sepa que las normas familiares, las que ellos dijeron que eran ridículas y que detestaban, los mantuvieron a salvo, aunque en el momento las normas y usted les desagradaban mucho. Los adolescentes mayores que ya estaban en la universidad tenían una mejor compresión de esto que los más jóvenes, pero en la mayoría todos querían que usted no fuera tan duro consigo mismo y que de vez en cuando se felicitara por lo que sí ha hecho bien.

> *A mí me parece que lo están haciendo todo bien. Puedo ver a Jesús brillar a través de ustedes cada día. Las situaciones no siempre son fáciles pero creo que las manejan muy bien. Es más cuestión de que yo cambie y no ustedes.*
> *Teddi H., 13 años*

YO TE APRECIO

> *Yo te aprecio, incluso cuando se me olvide mostrarlo.*
> *Jenny M., 19 años*

Muchos adolescentes dijeron que si pudieran decir sólo una cosa les harían saber a sus padres que aprecian el trabajo duro que tienen. La mayoría comprendía que ser padres es una tarea desinteresada. Comprenden qué difícil es para usted tener que ser siempre el malo de la película.

Yo aprecio que lo que estás intentado hacer a pesar de que no me gusta.
Linda S., 14 años

Ellos reconocen el hecho de que no siempre le facilitan las cosas a usted. Es normal que los adolescentes traten de poner a prueba, crecer y forzar los límites mientras usted hala y trata de mantenerlos a salvo. Ellos saben que usted está tratando de decidir cuán lejos dejarlos ir y dónde trazar los límites. Muchos adolescentes entienden que es una cuestión de malabares. Ellos son adolescentes y quieren libertad pero aprecian el hecho de que usted los ama lo suficiente como para ayudarles a navegar por la vida y tomar decisiones según maduran. Ellos aprecian el hecho de que es difícil soltarlos y les gusta cuando usted confía en ellos lo suficiente como para dejar que den un paso más por su cuenta. Más que nada, ellos lo aprecian a usted.

Aunque no siempre creo que tienes la razón, sí la tienes y debo darte el mérito que te mereces.
Jennifer L., 15 años

GRACIAS POR INTERESARTE

Varios adolescentes pensaban que era maravilloso que un padre se interesara lo suficiente como para querer escuchar lo que ellos tenían que decir. Una adolescente dijo que ya estaba leyendo libros sobre la crianza de los hijos para poder ser una buena madre un día. Dijo que la animaba el hecho de que su madre siguiera creciendo como madre a pesar de que ella ya iba para la universidad el próximo año.

Les diría que los amo y gracias por cada cosa que han hecho por mí. Creo que me he convertido en una buena persona.
Allison L., 20 años

Leer un libro sobre la crianza de los hijos es una manera de mostrar que a usted le importa su adolescente, pero los adolescentes dijeron que sus padres demostraban que se interesaban de muchas maneras diferentes. Cuando los niños eran pequeños era dándoles besos en los deditos raspados o corriendo tras una bicicleta para enseñarles a montar sin que se mataran. Ahora es quedándose despierto para estar seguros de que regresen sanos y salvos, a pesar de que usted ya está cansado. Preparar una lasaña con queso ricota de verdad porque a su hijo adolescente le encanta a pesar de que usted está haciendo dieta y tiene que comer atún con pan integral. Es pisar su ropa en el baño por enésima vez y tener paciencia con él mientras le enseña a poner sus medias sucias en el cesto de ropa sucia. Es llenar los documentos para la ayuda financiera. Es asistir a los juegos de pelota con temperaturas bajo cero. Es manejar por toda la ciudad con un chofer nuevo que todavía está tratando de diferenciar el freno del acelerador. Es llevarlo a la universidad por primera vez y mostrar su mejor rostro y luego llorar todo el camino de regreso a casa porque ya lo extraña.

> *Me encanta cuando oran conmigo porque me muestran que les importo. Ustedes aman tanto a Dios. Son los que me llevaron a la iglesia e hicieron conmigo la oración de entrega a Dios. No me siento como un clon sino que soy como tú espiritualmente, mamá. Tú me ayudaste a ser espiritual.*
>
> *Derek H., 16 años*

Ellos aprecian el hecho de que usted los guíe espiritualmente. Algunos adolescentes dijeron que fue su mamá o su papá quienes los llevaron a Cristo, quienes hicieron que Dios fuera real para ellos, quienes hicieron de su hogar un lugar donde existía Dios.

Ellos saben que lo hacemos porque nos interesan. Funciona con Richard y conmigo porque amamos a nuestros hijos y nos encanta ser parte de su vida. También funciona con su hijo adolescente. Un día él tomará lo que aprendió de su ejemplo y lo aplicará con sus propios hijos. ¿No será divertido ver eso?

> *Ellos son grandes ejemplos. Ambos son cristianos y lo muestran en su estilo de vida. Soy realmente bendecido al tener unos padres cristianos maravillosos.*
>
> *Elizabeth H., 14 años*

LES DIRÍA QUE LOS AMO

Les diría que los amo y que les agradezco el maravilloso ejemplo de devoción que me han mostrado en su propia vida.
Ricky M., 16 años

La respuesta más común a esta pregunta consistía de dos palabras pequeñas: *los amo*. Los adolescentes, incluso aquellos que estaban enojados, frustrados o que sentían que su relación necesitaba trabajo, dijeron que lo que querían que sus padres supieran era que los amaban. Muchos adolescentes describieron a sus padres como sus mejores amigos.

Si yo pudiera decirle a mi mamá una cosa sería que la amo más que lo que las palabras pudieran decir jamás y que ella es mi mejor amiga. Si yo pudiera decirle a mi papá una cosa sería que lo amo y que lo perdono aunque todavía no estoy lista para que regrese a mi vida.
Mika W., 17 años

Los adolescentes cuya relación con sus padres no existía o en la que había muchas dificultades, querían que sus padres supieran que el amor es el fundamento de su relación. Los adolescentes como Mika, cuyo padre es un alcohólico, aman a sus padres a pesar de todo. Aunque Mika puso límites, esperaba que un día su padre se convirtiera en lo que ella llamaba "el papá ideal". Sin embargo, a pesar de todo, ella todavía lo amaba y dijo que sus últimas palabras para él serían de amor y perdón.

Espero que usted comprenda que su adolescente lo ama. Oro para que ese libro y las ideas de cientos de adolescentes que se expresaron le hagan ver que usted es una parte importante de la vida de su adolescente. ¿Por qué? Porque él lo ama ¡y eso es motivo suficiente!

Te amo, ¡siempre!
Louise C., 16 años

Notas

1. Alan Guttmacher Institute, “Facts in Brief: Sexually Transmitted Diseases in the United States” [Los hechos en breve: Enfermedades de transmisión sexual en los Estados Unidos], septiembre de 1993, http://wwwagi-usa.org/index.html.

2. “Analysis of the Causes of Decline in the Non-Marital Birth and Pregnancy Rates for Teens from 1991 to 1995” [Análisis de las causas de la disminución en el índice de nacimientos y embarazos fuera del matrimonio para adolescentes de 1991 a 1995], *Adolescent and Family Health* 3, no.1, <http://www.physconsortium.com/pdfs/afh_journal_paper.pdf.

3 “Attitudes Become More Negative on Abortion” [Las actitudes se vuelven más negativas con relación al aborto], *The Buffalo News,* 27 de noviembre de 2002. Información de Zogby International Poll, 12 al 14 de noviembre de 2002, http://wwwzogby.com/.

4. Cool, Lisa Collier, “Secret Sex Lives of Kids” [La vida sexual secreta de los adolescentes], *Ladies Home Journal,* marzo de 2001, pág. 156.

5. Saluter, Arlene, “Marital Status and Living Arrangements” [Estado civil y vivienda], Buró del Censo de los Estados Unidos, serie P20-484, marzo de 1996, p. vi.

6. <http://www.barna.org/cgi-bin/PageCategory.asp? CategorlD=37>. Barna Research Group, Ventura, California.

7. Barna, George, "Faith and Spirituality" [Fe y espiritualidad], *Real Teens: A Contemporary Snapshot of Youth Culture* [Adolescentes reales: una foto instantánea de la cultura juvenil], Regal, Ventura, California, 2001, p. 121.

8. "Of Parents and Grandparents" [Sobre padres y abuelos], *New York Times,* 16 de enero de 2000, p. 16.

9. Princeton Survey Research Associates. "Speaking of Kids: A National Survey of Children and Parents" [Hablar de niños: Un estudio nacional sobre hijos y padres]. Patrocinado por la Comisión Nacional de Niños.

10. Kaufman, P., Chen, X., Choy, S. P., et al., *Indicators of School Crime and Safety: 2001* [Indicadores de los delitos y seguridad en las escuelas, 2001]. Ministerios de Educación y Justicia de los Estados Unidos. NCES 2002. 113/NCJ-190075. Washington, DC: 2001, p. iii.

11. Datos proporcionados por el Centro Nacional de Estadísticas de la Salud, GMWK291 Tasa de mortalidad para 72 causas escogidas para grupos de edades por cinco años. Centros para el control y la prevención de enfermedades.

12. Centros para el control y la prevención de enfermedades, WISQARS, (Sistema de rociada de datos e informes de estadísticas de lesiones a través del Internet).

T. Suzanne Eller

ministra a los adolescentes del mundo entero a través de http://www.daretobelieve.org, un sitio web dedicado a contar historias reales, lecturas diarias y poesía escrita para adolescentes y por adolescentes. Suzanne es una oradora popular para adolescentes y padres de adolescentes.